现代交通信息技术应用研究

陈钊正　著

中国原子能出版社

图书在版编目（CIP）数据

现代交通信息技术应用研究 / 陈钊正著 . -- 北京：
中国原子能出版社，2022.7
ISBN 978-7-5221-2035-5

Ⅰ . ①现… Ⅱ . ①陈… Ⅲ . ①交通信息系统－研究
Ⅳ . ① U495

中国版本图书馆 CIP 数据核字（2022）第 139729 号

现代交通信息技术应用研究

出版发行	中国原子能出版社（北京市海淀区阜成路 43 号　100048）
责任编辑	杨晓宇
责任印制	赵　明
印　　刷	北京天恒嘉业印刷有限公司
经　　销	全国新华书店
开　　本	787 mm×1092 mm　　1/16
印　　张	11.25
字　　数	219 千字
版　　次	2022 年 7 月第 1 版　　　2022 年 7 月第 1 次印刷
书　　号	ISBN 978-7-5221-2035-5　　　定 价 72.00 元

前　言

近年来，随着计算机技术的迅速发展，交通信息采集的智能化程度越来越高，为交通运输系统的智能化奠定了基础。随着经济建设的快速发展，城市化水平和人们生活水平都得到了大幅提高，城市人口、车辆快速增长，随之而来的道路交通问题也日益突出。仅依靠传统的道路拓宽、高架桥设立等道路基础设施的建设和改造已无法有效解决问题。如何实时地获取交通状况信息，进行有效的交通疏导、车流监管，实现信息化、智能化交通管理已成为解决当前交通问题的重要课题。而交通系统不仅受物理世界的影响，信息空间的影响对其也变得越来越重要，使得交通信息物理系统应运而生。此系统将广泛应用于智能交通和智慧城市，有助于提高交通的安全性、高效性、可持续性和机动性，让人们有更好的交通体验，加速推动社会进步。

全书共六章。第一章为现代交通信息技术概述，分别介绍了交通信息系统、固定式交通信息采集技术、移动式交通信息采集技术等内容；第二章为现代交通信息交互与服务技术，主要介绍了交通信息交互网络概述、交通信息交互基础应用与标准规范、交通信息服务技术等内容；第三章为现代交通信息物理系统及其架构，分别介绍了交通信息物理系统、交通信息物理系统的意义及影响、交通信息物理系统的架构等内容；第四章为现代交通信息物理系统的数据安全与管理，依次介绍了交通信息物理系统数据安全的相关概念、交通信息物理系统的漏洞与安全模型、交通信息物理系统中的信息安全控制等内容；第五章为现代交通信息系统应用案例，主要介绍了停车诱导系统、交通信号控制系统、交通突发事件应急管理系统；第六章为智能交通的未来——智慧城市，依次介绍了智慧城市概述、智慧城市背景下的新兴交通服务、智慧城市未来研究方向三个方面的内容。

在撰写本书的过程中，作者得到了许多专家学者的帮助和指导，参考了大量的学术文献，在此表示真诚的感谢！本书内容系统全面，论述条理清晰、深入浅出。

限于作者水平，加之时间仓促，本书难免存在一些不足之处，在此恳请广大读者批评指正！

目 录

第一章　现代交通信息技术概述

本章主要讲述的是现代交通信息技术概述，分别介绍了交通信息系统、固定式交通信息采集技术、移动式交通信息采集技术三方面的内容。作者期望通过本章的讲解，能使读者对相关方面的知识有更深的理解。

第一节　交通信息系统

一、交通和信息化

交通是人、车、物传递和输送的总称，包括道路交通、航空交通、铁路交通、水运交通、管道交通五个层次的内容。交通的基本构成要素包括道路、车辆、人、环境，交通是由这四个基本要素构成的一个统一体。

"信息"是近代科学技术的一个专门术语。从广义上说，信息是事物的存在方式、运动状态和属性特征的反映。从狭义上说，信息是用数字、文字、符号、语言、图像、图形等介质来对事件、事物、现象、过程等的本质内容、质量特征的描述。信息不是静止的，可以产生，也可以消失，同时可以被传输、交换、处理、检测、识别、存储和显示。信息在特定的范围有特定的含义，可作为生产、管理、经营、分析和决策的依据。

相对于信息而言，数据是描述事物特征的特定符号，是人们传达思想、进行思想信息交流的载体。数据经过加工后可以形成信息，数据是信息的载体，信息是对数据的解释。

交通信息指与交通系统的四大组成要素相关联的信息，包括交通运行信息、交通营运信息、交通管理信息和交通服务信息。交通信息是智能交通系统（Intelligent Traffic System，ITS）的核心内容，也是实现智能交通系统各个子系统功能的基础，如表 1-1-1 所示。

表 1-1-1　交通信息分类及基本内容

分类	基本内容
动态交通信息	阻塞、通畅、行程时间、突发事件、交通具体位置及行驶路线、不同交通方式的到离站时间、交通控制信号、交通诱导等信息
静态交通信息	交通站点分布、换乘点、停车场、收费价格、售票处、交通限制、路况、设施与养护等信息
关联信息	旅游、购物、娱乐、体育、气象等信息

二、交通信息系统的分类及内容

（一）交通信息源及其分类

交通信息的来源很多，在交通系统中最主要的交通信息来自三个方面，即道路、车辆和旅客（包括驾驶人），它们可称为直接的交通信息源。由于交通运输工程必须处于一定的环境下，因此环境因素往往是直接或间接的交通信息源，包括地形、地质、气象等自然环境因素，以及政治、经济、军事、人文、历史等社会因素，后者可视为软环境因素。交通信息源主要分为以下几类。

1. 道路信息

作为交通运输的基础设施，道路是必需的。智能交通系统来自道路的交通信息包括道路等级、路面状况、车道宽度、车道数量、道路坡度、弯道半径、立交类型、出入口等。这些信息来源于工程设计和维护管理部门。

2. 车辆信息

车辆是我们日常生活中必不可少的交通工具，车辆作为交通运输的载体，在交通运输中有着重要的作用。随着科技的发展，智能交通逐渐走入大众的视线。车辆按用途主要分为客车、货车及特种车辆，但智能交通的主体指的是客车。车辆的交通信息，可以从车辆生产厂家和用户那里获得，主要包括车型、行驶距离、车重、车内设备、检修等级、车辆生产厂家、车辆出厂年份等信息。

3. 乘客信息

乘客是信息主体，交通运输的目的是把乘客快速而安全地运送至目的地。乘客信息中最重要的是驾驶人信息，包括驾驶人年龄、性别、国籍、受教育程度、职业、驾驶年限、熟练程度、出行目的、健康状况以及生理和心理特点等。这些信息只能来自驾驶人本人。

4. 自然环境信息

自然环境信息本身是个大系统，与交通相关的信息只是其中的一部分，如自然灾害、气候、雨雪下降量、风速、气温、路面结冰情况、能见度、沿路人口分布及服务情况等。这些信息可以通过查阅各类资料获得。

5. 社会环境信息

与交通相关的社会环境信息包括各地区的交通政策和经济发展水平、社会治安情况、军事价值等。这些信息需从政府部门获悉。

（二）交通信息系统的主要内容

1. 交通信息采集技术

交通信息采集技术通过应用传感器技术、模式识别技术等信息获取手段将人、机、环境的相关安全原始信息转换成能为人所直观识别、理解的信息，为交通信息处理及决策提供数据基础。交通信息采集是智能交通系统中的重要环节之一，为交通管理、交通控制与预测、交通引导、交通指挥及交通信息服务等提供信息源基础。从交通信息的类型上划分，交通信息可分为静态交通信息和动态交通信息。其中，静态交通信息包括交通空间信息和交通属性信息；动态交通信息反映的是网络交通流状态特征的数据以及交通需求空间分布特征的数据。因此，交通信息的采集可分为静态交通信息采集和动态交通信息采集两大类。静态交通信息采集的目的在于建立交通基础信息空间数据库，包括基础道路网络数据、交通附属设施数据以及交通属性信息等。

2. 交通信息传输技术

交通信息传输技术分为现场设备通信与信息接入、数字（基带）信息传输、无线信息传输、光网络传输四类。

由于交通信息采集点地理上的分布性、采集手段的多样性、交通信息需求的分散性以及交通信息服务对象的随机性，交通信息往往是海量的、多源的、异构的，并分布式地存在于各个系统中。在进行交通信息传输时，可根据信息的特征选取不同的传输技术。

3. 交通信息处理技术

交通信息处理技术通过对采集的安全数据进行整合与共享，并建立分析模型对获取的信息进行分析处理，辅助交通管理者做出决策，主要包括信息预处理与信息综合处理两个环节。

交通信息的显著特征是具有随机性和空间性，因此，对它的研究和分析只能建立在广泛统计的基础上，从而应用各类统计分析方法来探索它的规律。另外，交通信息多种多样，采集到的信息不同和每一个应用场合不同，交通信息的处理方法也不一样，目前主要采用的技术包括：交通数据预处理技术、交通事件检测技术、预测及建模技术、模式识别技术、信息融合技术等。这些技术的综合应用在交通运输系统中起着重要的作用。

4. 交通信息发布技术

将智能交通系统应用于现代化的交通管理中，利用先进的交通工程理论以及现代计算机技术、通信技术，对交通信息进行采集、挖掘和整合，可最大限度地使用交通信息资源。交通信息发布技术是充分利用网络技术、信息技术等先进手段，实现交通信息的实时发布，向出行人员提供交通信息（如交通事故、道路状况和天气等），发布命令（如限速、管制等）或建议，向交通拥挤路段的驾驶人提供建议路径等，以促使出行人员选择合理的出行方式及路线，这也正是交通信息发布系统的功能所在。交通信息发布的主要内容如下：主要道路的交通流量信息；部分道路的施工信息；主要道路的行车时间、行车速度等量化信息；突发事件发生的地点、时间、处理方法等信息；周边及城市范围内的交通信息。

三、智能交通系统

智能交通系统是通过将先进的电子技术、网络通信技术、遥感技术、计算机技术、信号控制技术、视频处理技术等进行有效的集成，运用在城市道路交通管理控制体系中，并实时高效全方位发挥作用的智能系统技术。智能交通系统广泛应用于交通诱导系统、城市公交调度系统、电子警察系统、智能高清卡口系统、高清电视监控系统、信号控制系统等，通过调节人、路、车的关系越来越和谐，有效缓解了道路拥堵，提高了道路使用效率，促使道路通畅，减轻了空气污染，减少了交通事故的发生。

从智能交通系统的定义可以看出，先进的信息技术实际上是智能交通系统的基础，脱离了信息技术的支持，交通系统的智能化就不能实现。交通系统的智能化过程实际上也是交通信息化的推进过程，交通信息化的基本含义就是指运用各种现代化的高新技术，将各类交通信息从采集、处理到提供服务加以系统化，共享其资源，为最佳营运与管理交通、发展经济、推动城市进步奠定基础。

（一）智能交通信息的特点

智能交通系统的不断发展，产生了大量且复杂的智能交通信息，如城市道路系统在高峰时期检测到的交叉路口车流信息、行人信息、信号灯控制策略等，交通信息服务系统中所展示的公交车时刻表、路线、运行状态等，交通监控系统中的 GPS 信息、车辆信息、驾驶人信息等，这些都体现了智能交通信息的复杂性。采取正确的方法收集并使用智能交通信息，提升智能交通系统的运行效率，使其更好地服务于广大人民群众，必须充分了解智能交通信息的特点。智能交通信息的特点主要体现在以下几个方面。

1. 容量巨大

在智能交通系统的长期运行中产生了大量结构化和非结构化的历史数据，数据的来源十分广泛，经过长期收集与存储已经形成了容量巨大的智能交通信息数据库。大量的历史数据为智能交通系统的发展提供了最基本的数据支撑，也为交通数据的处理带来了新的挑战。

2. 种类繁多

产生智能交通的信息源分布十分广泛，按照信息的来源大致可分为固定检测器获取的交通流数据、移动检测器获取的交通流数据和位置数据、非结构化视频数据、多源互联网数据等，按照时效性可分为实时检测数据和历史交通信息数据。交通信息种类繁多，不仅体现在日常出行中，还体现在交通控制、管理、决策等各个方面。

3. 时效性强

智能交通信息具有很强的时效性，如交通流具有时变性，交通管理具有时效性，交通信息服务需要及时、可靠、准确。当智能交通信息失去时效性后，其价值会迅速缩水，这对数据分析结果的实时性提出了要求。所以应提升对历史交通数据、周期性数据、随机性数据、气象数据等交通信息变化规律的分析速度，同时确保较快的数据处理速度以保证信息的时效性。

4. 价值量大

智能交通信息因其来源广泛，一方面拥有时间、空间、历史等多维特征，是多元服务的基础，蕴含极大的价值；但另一方面，数据价值密度较低，存在缺失、错误、冗余等异常现象。

5. 主观性强

根据不同的用户需求，交通数据需要进行存储和流动，相同的交通信息对用户乘坐不同交通工具出行的价值是不同的。如极端恶劣的暴风、暴雪天气对乘坐飞机出行的用户影响极大，这类交通信息的价值是毋庸置疑的。而同样对乘坐地铁的用户，天气的影响微乎其微，其价值量大打折扣。另外，对相同的交通信息，其主观价值也随着用户主体的态度而发生变化。现实中，一部分用户更能容忍路程颠簸，却无法接受长时间的堵车，同时也存在另一部分与之持相反意见的群体，他们宁可堵车，也无法忍受较差的道路环境。这些都体现出了交通信息的价值具有很强的主观性。

（二）智能交通信息的分类

1. 按交通信息的变化程度分类

（1）静态交通信息

静态交通信息主要指与道路交通规划、管理相关的一些比较固定的、在短期内不会发生太大变化的信息。静态交通信息主要包括：国土规划信息、城市基础地理信息、城市道路网基础信息、车辆保有量信息及交通管理信息等。诸如道路长度、车道数量、停车场、交通诱导标志等相对固定不变的交通信息，因为这些信息相对稳定，一般采取人工方式采集。

（2）动态交通信息

智能交通的信息采集技术主要关注的是动态交通信息中的交通流信息，如车流量、车辆平均车速、车辆类型、车辆定位、行程时间等随着时间发生变化的信息。动态交通信息的采集可分为非自动采集和自动采集两大类。其中非自动采集需要人工干预才能完成交通信息的采集，不适用于长时间的观测，且人工采集获得的动态交通信息很难满足智能交通系统对交通信息的实时性要求。

2. 按交通信息的需求分类

智能交通信息按需求的种类可以划分为政府部门需求信息与社会公众需求信息。社会公众作为出行的主体，在整个出行的过程中对信息的需求随着出行目的、行程时间的变化而不断发生着改变。根据出行主体对交通信息的需求可对智能交通信息进行如下划分。

（1）政府部门需求信息

交通规划、交通建设、交通职能管理、交通运输等部门都是智能交通系统涉及的政府部门，各个部门根据自身业务需求采集与本部门密切相关的部分基础信息，如交通职能管理部门需要重点掌控路网历史交通流信息、路网实时运行信息、路网突发事件信息等用于提高交通效率和交通安全的信息；交通运输部门则对交通动态信息、实时信息的要求较高，应重点掌握运行状况信息和路网突发事件信息，提高运输效率。另外，政府部门的需求信息可在不同部门之间进行信息交互和共享。

（2）社会公众需求信息

社会公众对交通信息的需求往往会因为不同的出行目的与出行方式而产生显著差异，但在整体的出行过程中，需求的信息主要包括：出行前信息、出行中信息、个性化信息三个方面。

3. 按交通信息采集方式分类

按照交通信息数据的来源，智能交通信息采集可分为间接采集与直接采集。间接采集指通过不同智能交通子系统的各个采集数据节点整合交通行业的各种信息。直接采集则是通过各采集设备以不同的采集方式直接获得相关交通信息。

（1）磁信号

磁信号主要由磁力传感器设备被动接收，主要设备是磁力检测装置，其通过检测磁场强度的异常确定车辆经过。

（2）微波信号

微波信号采集是微波雷达检测器通过接收从雷达波覆盖区域穿过车辆的反射雷达波束，经由雷达天线，通过接收器完成车辆监测并计算出流量、速度及车身长度等交通数据。

（3）超声波信号

与微波信号采集相似，大多数超声波检测器发射脉冲波，可提供车辆计数及道路占有率等交通信息。

（4）红外信号

红外线检测器通过采集红外信号获取众多交通信息，如安装在车流上方可以观测驶来或驶离的交通流，安装于路旁可用于对流量、车速和车辆类型的测量，以及监视人行横道上的行人及向驾驶人发布交通信息。

4. 按交通信息采集技术分类

要想智能交通系统产生效用，先要夯实它的应用基础，即精准掌握交通信息采集过程，必须保证数据信息的及时、准确、真实。

按照交通信息数据采集的技术和方法，智能交通信息采集可分为固定式交通信息采集和移动式交通信息采集。固定式交通信息采集技术基于固定设备检测交通信息，主要包括地磁线圈信息采集技术、超声波信息采集技术、视频图像信息采集技术和微波雷达信息采集技术。正常情况下，一次安装可以保持长期使用，能够实时采集所需要的交通信息，稳定性高。但同时，设备安装需要考虑道路状况和地域性，这会产生较多的信息盲区，且安装、维护、保养的综合成本比较高。而移动式交通信息采集技术可以实现全天候、大范围的采集，检测成本小，检测效率高，但信息采集的实时性较差。移动式交通信息采集技术主要包括浮动车信息采集技术、无人机信息采集技术和众包信息采集技术。

将以上两种交通信息采集技术合理搭配使用能更好地实现交通信息的采集，以满足不同场合的应用需要。

第二节　固定式交通信息采集技术

一、地磁线圈信息采集技术

地磁线圈是目前智能交通中检测车流量应用较为广泛的一种检测器，采用具有高导磁特性的软磁性材料制作。地磁线圈信息采集技术基于电磁感应原理和检测器周围磁场变化的规则，其传感器是一个埋在路面下且通有一定工作电流的环形线圈。地磁线圈信息采集的工作原理是当带有铁质材料的车辆靠近传感器时，传感器感应到周围磁场相对地球磁场的变化，经微处理器分析计算，判断车辆存在和通过的状态。

（一）检测装置的组成

检测装置主要由传感器、中央处理器、检测卡、输入输出四部分组成。

1. 传感器

传感器采用模块化设计，体积极小，与地面垂直安装，在地面 10～18 mm 下挖掘一个 2 m×1.5 m 左右的沟槽，沟槽宽度约 10 mm，用导线沿沟槽绕若干圈，构成电感线圈。通过地下沟道，用低阻导线将线圈的两个节头引到处理箱中，如图 1-2-1 所示。

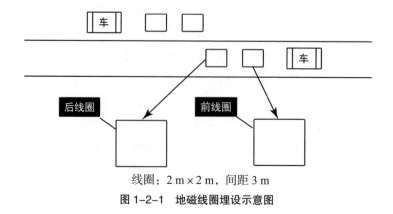

线圈：2 m×2 m，间距 3 m

图 1-2-1　地磁线圈埋设示意图

2. 中央处理器

中央处理器是对采集信号进行计算的模块，它一般是一个带有嵌入式操作系统的单板机，具备较强的数字计算、存储能力。通过对端口的扫描，捕捉电平的变化时间，以此计算出相应的交通数据。一般检测装置的通信接口包括RS232/485，比较先进的还具有以太网接口和通用分组无线服务（GPRS）模块。目前，在国内大多数应用中，由于监控路面和监控中心距离的关系，系统集成商普遍采用调制解调器点对点连接的方式上传数据，或者通过可编程逻辑控制器（PLC）中转数据。任何意外情况的发生均会导致处理器死机或出现故障等，中央处理器都应该能在短时间内重新启动，且不应超过30 s。

3. 检测卡

检测车辆通过或静止在感应线圈的检测域时，通过感应线圈的电感量会降低，检测卡的功能就是检测这一变化并精确地输出相应的电平。线圈式车辆检测器采用的检测卡品牌较多，一般都为欧标卡式接口。国内也有众多的检测卡开发商，其产品具有较高的性价比，但是在抗干扰、灵敏度检测、稳定性等方面略逊于国外同类型产品。就线圈感应的角度而言，检测卡应具有响应时间稳定，并与车辆经过实际情况相吻合的高精度电平跳变性能，因为在车辆高速通过时，检测时间是非常短的，通过两个线圈的时间一般为100～200 ms，单个线圈的响应时间更短，且各种车的底盘轻重、距离地面位置的高低都会影响检测卡的电平响应时间，而电平响应时间和响应开始时间是计算车长与车速的主要参数，这就解释了为什么当车辆高速通过时有些检测卡测得的车长、车速不准的情况，因此必须使用一定的补偿值，只有正确调节灵敏度才能保证检测器的精度。

4. 输入输出

传感器信号输入为车辆通过时引起的信号频率振荡，信号输出为检测器的工作状态指示。地磁线圈检测总体框架如图1-2-2所示。

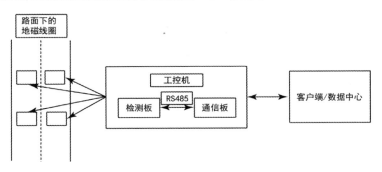

图1-2-2　地磁线圈检测总体框架

（二）信息采集

1. 交通流量

如图 1-2-3 所示，地磁线圈检测器的计数周期为 T，N_i 为观测期内第 i 车道检测器的计数值，则第 i 车道在该周期内的交通流量为

$$q_i = \frac{N_i}{T} \qquad (1\text{-}1)$$

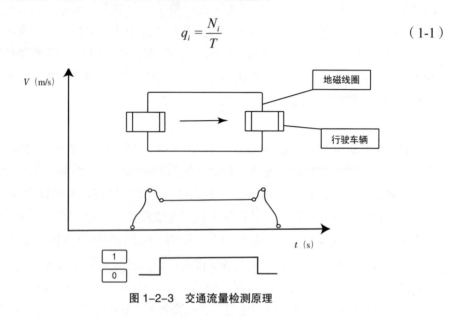

图 1-2-3　交通流量检测原理

2. 车速

行程车速用于判断道路的畅通情况。为了准确测量车速，通常要在车流方向埋设两个性能相同的环形线圈，线圈间距为 3～5 m，如图 1-2-4 所示。

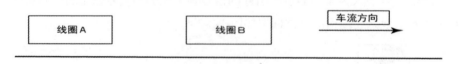

图 1-2-4　车速检测原理

当车辆进入线圈 A 时，脉冲计数开始；当车辆进入线圈 B 时，脉冲计数结束，于是由微处理器给出一个基准时间脉冲，如 P（ms）的时间脉冲。当车辆进入线圈 A 时，脉冲计数开始；当车辆进入线圈 B 时，脉冲计数结束，于是得到车辆通过距离 s 所需要的脉冲计数 n，则车辆的速度为

$$v = \frac{s}{P_n / 1000} \tag{1-2}$$

其中，v 的单位为 m/s。设在某观察期内，共有 n 辆车通过观测点，且每辆车的速度分别为 v_1，v_2，…，v_n，则该段时间内交通流的平均速度为

$$\bar{v} = \frac{1}{n} \sum_{i=1}^{n} v_i \tag{1-3}$$

式中，v_i 为第 i 辆车通过的速度；n 为观测期内通过的车辆数。

空间平均速度是指在某一时间段内通过一段路的所有车辆的速度平均值。设路段长度为 Δ，在一个观测期内共有 N 辆车通过该路段，则 N 辆车通过该路段的平均行驶时间为

$$t_m = \frac{1}{N} \sum_{i=1}^{N} = \frac{\Delta}{\bar{v}} \tag{1-4}$$

于是该观测期内的空间平均速度为

$$v_m = \frac{\Delta}{\bar{t}} = \frac{N}{\sum_{i=1}^{N} \frac{1}{v_i}} \tag{1-5}$$

即空间平均速度等于所有通过的车辆的速度的调和平均值。

3. 车辆占有率

车辆占有率指路段内车辆占用的道路长度总和与路段长度之比。由于其难以测量，通常用时间占用率代替。用地磁线圈检测器测量占有率需将检测器设置成方波工作方式，设在某个观测期 T 内，共有 N 辆车通过线圈，测得车道车辆通过环形线圈的方波宽带，则该时间段内车道上车辆的占有率为

$$\sigma_i = \sum_{j=1}^{N} \frac{tji}{T} \times 100\% \tag{1-6}$$

4. 交通流密度

交通流密度是指在单位长度车道上某一瞬时所存在的车辆数，也可用某个行车方向或某路段单位长度上的车辆数度量。只要测出交通流量和车流的空间平均速度，则可测得观测期 T 内的交通流密度，即

$$\rho = \left(\frac{N}{T}\right)\Big/ v_s = \left(\frac{N}{T}\right)\frac{\sum\limits_{i=1}^{N}\dfrac{1}{v_i}}{N} = \frac{1}{T}\sum_{i=1}^{N}\frac{1}{v_i} \tag{1-7}$$

5. 车型

车长则是基于所得到的车速进行计算，其具体计算原理根据车辆通过前后两个线圈的时间平均值进行计算，若整个车身通过前后线圈的时间平均值为 $\bar{t}$，车速为 v，线圈宽度为 l，则根据 $L + l = \bar{t}_v$ 估算车长为

$$L = \bar{t}_v - l = \frac{\bar{t}_s}{P_n/1000} - l \tag{1-8}$$

地磁线圈主要有以下几个特点。

①切割路面长度减少 70% 以上，安装调试时间降低 50%，安装费用降低 50%。

②使用寿命长，在日均车流量为 1 万～1.5 万辆的情况下，使用寿命达 5～10 年，是传统线圈的两倍。

③模块化设计，无须现场制作，稳定性及一致性高。

④功能齐全，可检测静止和运动的车辆，可测速和统计流量。

⑤检测精度高，车流量检测精度大于 99.6%，平均车速检测精度达 98%，车速低于 10 km/h 时依然能保持精确度。

⑥温度适应性强，-40°C 的高寒环境仍可稳定工作。

⑦抗干扰性强，不受铁磁、雨雾环境的影响，可用于隧道、路桥环境。

⑧良好的兼容性，检测盒使用标准 86CP11 接口，与传统车检器兼容。

二、超声波信息采集技术

超声波信息采集技术主要应用在高速公路上。由超声波发生器向路面发射脉冲反射式超声波，车辆的存在造成声阻抗的不一致，这种不一致以变化的频率返回，由检测器接收，发送到中央处理器，再由中央处理器进行分析处理，就此感知车辆的相关信息。

超声波测距的基本原理是利用其反射特性，超声波发生器发射一定频率的超声波，遇到障碍物后产生反射波，超声波接收器接收反射波信号，并将其转换成电信号，测量发射波与回波之间的时间间隔（根据公式 $R = t \times v/2$ 计算距离，v 为超声波传播速度），再根据距离变化量与两次测量时间间隔之比计算车辆运动速度。

超声波检测分类技术在高速公路上应用得比较多，属于非接触式主动检测技术。如图 1-2-5 所示，超声波探头悬挂于上方，在车辆经过时进行检测。

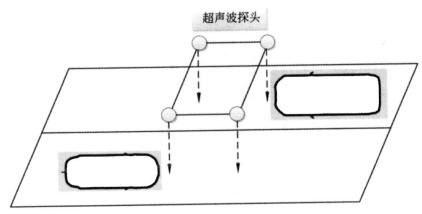

图 1-2-5　超声波探头的安装示意图

超声波测距的常用方法有渡越时间法、频差法、幅值法等。其中，渡越时间法因其原理简单、实现方便而被广泛采用。

渡越时间法测量距离的基本原理是超声波测距仪控制器通过发送一定频率的脉冲信号激励超声波发送器产生超声波，超声波通过介质到达物体表面并形成反射波，反射波再经介质传播返回接收器，由接收器把声波信号转换成电信号，由控制器测出超声波从发射到被接收所需的时间，再根据超声波在介质中的传播速度计算出距离，公式如下：

$$s = \frac{1}{2} \times 331.4 \Delta t \sqrt{\frac{T}{273} + 1} \qquad (1\text{-}9)$$

式中，s 为物体距离超声波测距仪的距离；Δt 为从超声波发射至接收到回波脉冲的时间间隔；T 为环境温度值。先给超声波模块的发射端一个高电平脉冲，模块接收到高电平脉冲后发射 40 kHz 的脉冲声波信号，当发射超声波后，模块接收引脚为高电平，当发射的声波遇到物体并返回到模块时，接收信号转变为低电平。

高电平脉冲的发射时间间隔关系到车辆检测的准确性。一般情况下，当设定发射时间间隔为 40～50 ms 时，只要车辆速度不超过 200 km/h，就不会漏测，显然该车速超出了道路限速范围，所以适用于我国道路实际情况。

应用超声波测距原理，可对处于空间坐标系中的物体位置坐标进行计算，实现局域空间的定位功能。图 1-2-6 所示为超声波定位原理示意图。

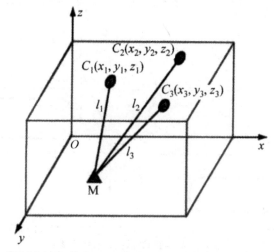

●超声波接收点C（又称参考点），▲运动物体M

图 1-2-6　超声波定位原理示意图

如果对移动物体 M 进行定位，则需建立直角坐标系（图 1-2-6），并在该空间的上方设置三个超声波接收点，其坐标分别为 C_1（x_1，y_1，z_1）、C_2（x_1，y_1，z_1）、C_3（x_1，y_1，z_1）。如果能测量出移动物体 M 到三个接收点的距离，则移动物体 M 的坐标（x，y，z）与其之间的函数关系可由下式表示。

$$\begin{cases} (x-x_1)^2 + (y-y_1)^2 + z(z-z_1)^2 = l_1^2 \\ (x-x_2)^2 + (y-y_2)^2 + z(z-z_2)^2 = l_2^2 \\ (x-x_3)^2 + (y-y_3)^2 + z(z-z_3)^2 = l_3^2 \end{cases} \quad (1\text{-}10)$$

式中，x、y、z 为移动物体 M 的坐标；l_1、l_2、l_3 为移动物体 M 到三个接收点的距离；（x_1，y_1，z_1）、（x_2，y_2，z_2）、（x_3，y_3，z_3）为三个超声波接收点在空间坐标系中的坐标值。移动物体 M 的位置在不断变化，l_1、l_2、l_3 的值也随之不断变化，其坐标值（x，y，z）也在不断更新，从而实现了对目标的定位跟踪。

基于无线局域网环境的超声波定位系统，如图 1-2-7 所示。

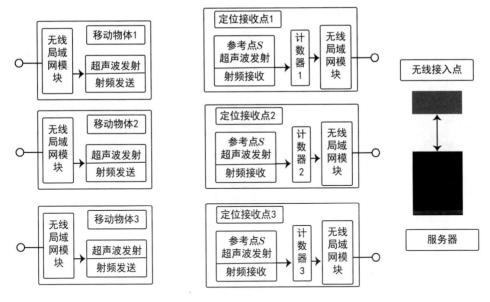

图 1-2-7　超声波定位系统框图

三、视频图像信息采集技术

视频图像信息采集技术是最近几年逐渐出现的一种新的车辆检测方法，它是以视频图像处理技术为基础的车辆检测技术，其无线检测技术进行的是多参数检测，检测范围更宽，是一种非接触式的被动探测技术。目前，视频图像信息采集技术会智能处理交通管理人员感兴趣的现场，摄像机将公路某一个方向断面的交通图像拍摄下来，然后通过传输设备传给视频处理器，交由信息处理单元统一处理。车辆视频检测系统通常包括若干台数码摄像机、中央处理器、显示器和其他组件。道路的某一个区域影像，通过传输线到达图像信号处理器，转换格式后由中央处理器进行识别处理，感知车辆的存在，并导出其他的交通信息。图像信号处理器是必要的，为计算机主机、报警监控和控制系统等设备提供所需的交通信息。视频检测可以提供可视图像，可以检测多车道的最大信息量、执行更复杂的认知任务，由于视频检测技术需要大量的图像信息来识别被测目标，因此，除了摄像机，不需要额外的设备、不需要通过更多的测试，而可以处理相对大量复杂的交通流而不影响交通，并且设备安装拆卸便捷，对路面和车辆没有损伤，但是需要正确适当地安装摄像装置，检测误差受环境变化的影响。

视频图像信息对象是指用面向对象方法描述的视频图像信息，包括视频片段、图像、与视频片段和图像相关的文件（包含的人员、车辆、物品、场景和视频图像标签等信息）。根据视频图像信息对象采集来源的不同，可将其分为自动采集的视频图像信息对象和人工采集的视频图像信息对象。在没有人工干预情况下连续、自动采集的视频图像信息对象的内容与人工采集的内容兼容，能自动采集的对象特征属性相对较少。另外，由于采集内容绝大部分都与事件无关，所以一般只保存一定时间，超过保存时间后，系统将自动删除或循环覆盖。自动采集的视频图像信息对象关系如图 1-2-8 所示。

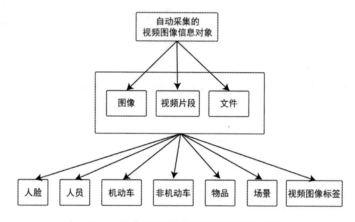

图 1-2-8 自动采集的视频图像信息对象关系

由人工直接采集或经过人工甄别、补充的视频图像信息对象均属人工采集的视频图像信息对象。自动采集视频图像信息对象经过人工甄别、补充后可以转换成为人工采集的视频图像信息对象，其存储位置、保存时间等随之改变。人工采集的视频图像信息对象关系如图 1-2-9 所示。

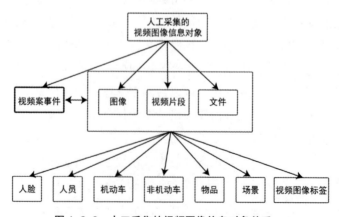

图 1-2-9 人工采集的视频图像信息对象关系

四、微波雷达信息采集技术

微波雷达信息采集技术作为一种特殊的距离 / 位移测量手段，能够解决近程目标的测量问题，因此也被称为近程雷达，并已从军用领域扩展到民用领域，并在物位测量、目标识别、速度测量、振动监测、位移监测等方面逐步得到应用。相对于其他传感技术，微波雷达信息采集技术具有非接触、抗雨雾粉尘等独特优点，逐渐成为近程目标位移测量领域的一种重要传感手段。

微波雷达根据其频率的不同被分为多个波段，微波检测器的工作频率通常是 24 GHz 或 10 GHz。由于每个波段的性能差异较大，因此它们的应用领域也有很大的区别。而民用雷达主要是以 X 波段（8～12.5 GHz）和 K 波段（12.5～40 GHz）为主，相比而言，K 波段的波长与水蒸气的谐振波长接近，极容易被吸收，但不宜在雾天使用；相反，X 波段由于不受水蒸气影响而常用于恶劣天气的规避。

如图 1-2-10 所示，一个典型的 X 波段微波雷达传感器主要由射频前端和前置电路组成。微波振荡器生成频率为 f_s 的微波信号，经环流器 1 端环流到 2 端并由发射天线发射（部分泄漏到环流器 3 端）。当目标车辆与传感器之间有相对速度 v 时，根据多普勒原理，反射波会发生频移。假设频移量为 f_d，则接收天线收到的反射波频率为 f_s+f_d，并经环流器环流到混频器。最后发射波与反射波在混频器的作用下输出频率等于多普勒频移量为 f_d 的电信号。根据多普勒原理，易知：

$$f_d = \frac{2v}{\lambda_s} \tag{1-11}$$

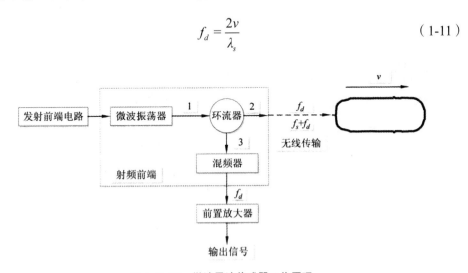

图 1-2-10　微波雷达传感器工作原理

式中，v 为目标车辆的相对速度，λ_s 为微波信号的波长。因此，只要检测出混频器输出的频率即可通过式（1-11）得到目标车辆的相对速度。

微波雷达通过天线向外发射一系列连续调频波并接收目标的反射信号。发射波的频率随时间按调制电压的规律变化。一般调制信号为三角波信号，发射信号与接收信号的频率按照一定规律变化。从目标反射回来的发射频率和回波频率的变化规律相同，发射频率和回波频率之差可以表征探测目标与雷达之间的距离，即

$$R = \frac{\Delta t c}{2} = \frac{Tfc}{4\Delta F} \qquad （1\text{-}12）$$

式中，R 为目标离雷达的距离；c 为光速；T 为三角波调制信号的周期；ΔF 为压控振荡器（VCO）调制带宽；f 为混频器输出的中频信号频率。

从式（1-12）可以看出，目标离雷达的距离与中频信号频率成正比。由于不同车道的目标与雷达距离不同，对应的中频信号频率范围也不同，而且车辆经过雷达检测区域需要一定时间，因此通过分析中频信号的功率谱随时间的变化情况便可对车流量、车速、车道占有率、车型等参数进行统计。

当前常用的远程交通微波检测器是一种用雷达监测微波传输形式以检测交通数据的探测器，其具有技术先进、成本低、使用方便的特点，可以在线实时提供道路上的交通信息，这些信息包括车道的车流量、道路使用率、车辆速度及方向和车型等，借助公网传输检测数据，避免了传输线路铺设的作业，减少了工程量。

如图 1-2-11 所示，检测的数据利用 GPRS 模块、GSM 基站、互联网传输至控制中心的计算机进行实时处理。

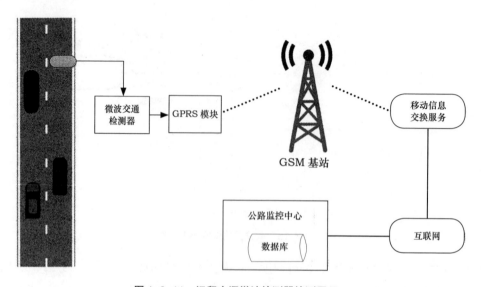

图 1-2-11　远程交通微波检测器检测原理

第三节　移动式交通信息采集技术

一、浮动车信息采集技术

（一）交通移动信息采集技术

20 世纪 90 年代初，国外使用模型模拟或者实地试验验证使用移动车辆采集数据的可行性，其中以德国的威尔第系统、美国的前瞻实验项目 T31 和 AMI-C 系统最具典型性。德国的威尔第移动检测系统通过车载移动通信单元和监控中心实现道路交通信息的实时移动传输，移动传输网络采用的是 GSM 网络，监控中心实时采集的数据不仅包括车辆位置信息和车速信息，还包括车辆的运行状况信息、天气信息以及路面信息等。

美国的 AMI-C 移动检测系统更加强调将各种多媒体信息通过先进的通信技术在行驶的车辆和监控中心之间传输，汽车上将安装多种多媒体显示和采集设备，因此通过浮动车采集到的交通信息更加丰富和全面。随着多媒体设备成为未来美国汽车的标准配置，AMI-C 系统将逐渐向 IPCar 浮动车检测系统转化，IPCar 系统使道路上的每辆汽车均可作为检测车，并且每辆车拥有一个唯一的 IP 编号，所采集的大量信息与该车辆的 IP 编号相对应，这样监控中心根据这些信息和编号就可以更加全面实时地掌握道路交通信息。

移动式交通信息采集技术可分为主动测试车技术和被动探测车技术。无论是主动测试车技术还是被动探测车技术，其数据采集的原理基本相同。浮动车检测系统构成如图 1-3-1 所示。

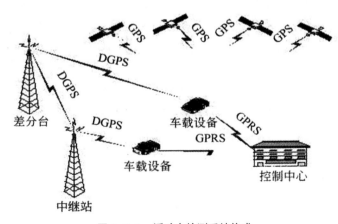

图 1-3-1　浮动车检测系统构成

从图 1-3-2 可以看出，车辆在 A 点属于正常行驶状态，而到了 B 点，车速下降到一定阈值，并且车辆持续一段时间的低速行驶，判断车辆进入拥堵状态，到了 C 点，车速逐步上升，逐渐恢复至正常行驶速度，判断车辆离开拥堵路段，道路交通开始畅通。行驶车辆和监控中心通过 GPRS 和 GPS 网络实现信息的实时通信，监控中心通过信息处理获得实时交通信息和车辆运行状况信息，并通过有线与无线的方式向行驶的车辆和公众进行信息发布。

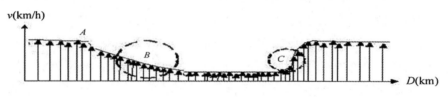

图 1-3-2　移动式交通信息采集技术基本原理

（二）主动测试车技术

主动测试车技术的测试方法是：交通数据采集人员在某一特定的测试车内通过距离测试仪、GPS 设备等随时记录车辆速度、行程时间或者行驶距离信息，利用距离测试仪可以每半秒甚至在更短的时间间隔内采集和记录车辆速度、行驶距离等信息，GPS 设备也能够做到每秒记录测试车辆的位置和速度信息。主动测试车技术通常需要选择某一特定车辆作为测试用车，该车在正常交通流中行驶的主要目的是采集交通数据，这种移动式交通信息采集技术的优点主要有：能够提供特定驾驶行为条件下的实时交通信息；通过距离测试仪或 GPS 设备可以详细记录车辆整个行驶过程中的数据；设备的初期投资相对较小。

但该技术也有以下不足：信息来源的可靠性受数据采集人员和记录仪器的双重影响；距离测试仪或 GPS 设备采集的大量数据会带来存储问题；整个路网行程时间的估计仅依靠某一特定测试车的数据，这会带来较大误差。

（三）被动探测车技术

被动探测车技术是指在行驶于正常交通流中的车辆上安装辅助仪器或其他远程传感设备以完成交通信息的采集，使用的车辆可以是个人车辆、出租车、公共汽车或其他商业运营车辆，这些车辆的行驶目的不是采集交通信息，而是通过车辆上的仪器和设备，在不妨碍车辆本身运行的情况下实时采集道路交通流信息。这些车辆与交通管理或监控中心通过各无线传输技术实时通信。

根据车辆上安装设备的不同，可将被动探测车技术分为基于信标技术的探测车技术、基于自动车辆识别技术的探测车技术、基于广播电台定位的探测车技术、基于手机定位的探测车技术和基于 GPS 定位的探测车技术等。采用这些被动探测车技术的移动式交通信息采集技术具有以下优点。

（1）数据采集成本低

一旦相关硬件安装完成，系统数据获取将变得相当容易，而且代价小，不需要经常安装或维护相关设备。

（2）能够获得持续不断的数据

通过车载设备可 24 h 持续不断地获取实时道路的交通状况，尽管一些商业车辆或公共汽车的运行具有时间表，但是只要车辆一运行就会采集实时数据。

（3）能够直接反映实际交通流特点

因为探测车直接行驶在交通流中，采集的数据不受外界或主观影响，而且这些车辆的驾驶人都是随机选择的，采集的数据更能全面反映实际交通流特点。

当然，被动探测车技术也存在以下几个问题需要进一步改进。

（1）初期投资大

无论采用何种技术建立移动式交通信息采集系统，均需购置必需的车载设备和路边设施，并且需要培训相关技术人员进行监控和操作。

（2）系统一旦建立就很难更改

因为系统在建立时需要建设相关基站和天线，这些设施建设后不能随意更改，因此在系统建设时需要考虑其覆盖范围，以确保探测车采集的数据能够被实时上传。

（3）系统建设带来个人隐私问题

因为移动式交通信息采集设备会被安装在社会车辆或私人车辆上，这样驾驶人的驾驶习惯、出行地点都会被监控中心监控，所以这也是该系统在建设过程中需要考虑的问题。

（4）系统仅适于大范围的交通数据采集

因为被动探测车技术初期投资大，而且探测车的行驶区域比较自由，因此被动探测车技术不适于小范围交通数据的采集。

二、无人机信息采集技术

随着无人机信息采集技术的不断发展，结构简单、成本低、风险小、灵活机动、实时性强等独特优点使得无人机的应用更加广泛，特别是在交通信息采集领域，无人机的使用使得移动式交通信息采集技术在空间上得到了进一步拓展，如图 1-3-3 所示。

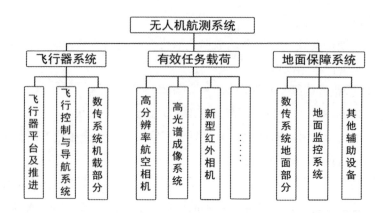

图 1-3-3　无人机系统的组成

在移动式交通信息采集领域，无人机（图 1-3-4）通常搭载有视频录制设备，利用集成 GPS、无线通信系统和高分辨率视频摄像系统对地面目标进行摄像和摄影，进而通过获取的图像和视频数据提取所需要的信息。通过 GPS 技术，并借助先进的无人机飞行控制系统和无线通信系统，可实现无人机与地面交通监控中心的实时数据传输，并从多角度、多方位对道路交通流进行实时监控和信息采集。

图 1-3-4　小型无人机

（一）无人机移动式交通信息采集技术的特点

1. 优点

无人机因其固有的特点，使得其在移动式交通信息采集领域的应用也具有明显的优点。

（1）可进行特定道路和特定点检测

特定道路的驾驶行为和车辆微观驾驶状态是指，利用无人机设备沿给定道路在适当高度（120 m 左右）以 40～60 km/h 的速度沿道路来回飞行，分析该道路/路段上车辆的行驶状态。

特定点（交叉路口、事故黑点等）的车辆微观驾驶行为（速度、加速度、跟驰、变道等）以及行人和非机动车的行为是指，利用无人机设备在低空固定位置（＜100 m）拍摄高清晰视频，利用图像处理软件得到所有车辆的时空行车轨迹，以及拍摄各种交通设施图片，为驾驶模拟器建造模拟环境等。

（2）检测范围广

低空飞行，巡航高度可调，变换视角灵活，不受车辆之间的遮挡，因此可以实现从局部到广域的点、线、面交通检测。

（3）采集信息多样化

通过对特定区域的连续侦查可以跟踪和检测单个车辆的空间位置和运行状态，也可以采集交通密度、交通流量、平均速度及交通设施分布等宏观交通信息。

（4）可应急救援

在遇到地震、洪灾、海啸、暴雪等自然灾害时，若地面交通全部瘫痪，则无人机可以立即出动，深入现场观察实况，搜索人员、建立通信。

2. 缺点

（1）荷载有限

小型民用无人机由于体积质量有限，其有效荷载量也是有一定的限制的，其摄像机、云台以及其他通信设备都要控制在数千克以内。

（2）续航时间短

受荷载量的影响，无人机的续航时间一般控制在两个小时之内。

（3）天气要求严格

无人机对天气方面的要求，尤其是风力，一般需在 6 级以下，并且气温要在一定范围内，在晴朗天气下才能够安全飞行并采集交通信息。

（4）平台震动影响

无人机在巡航过程中，其摄像机始终都是处于振动状态的，加之操作影响和气象影响，极易导致所采集的视频出现抖动或者模糊的现象，进而加大视频检测的难度。

（5）视线易被遮挡

无人机在交通监控的过程中往往会被各种植被、建筑、设备、行人、建筑物等因素干扰。

（二）无人机移动式交通信息采集技术的应用

1. 日常路况监控

在日常路况监控中通常使用较为大型的固定翼无人机（图1-3-4），其具备速度快、航程远、飞行高度高等优势，并且通常可以搭载高清数字化摄像头，可以对地面的实时交通情况进行清晰的拍摄和录像，它非常适用于在空中进行日常巡逻和路况采集任务。

图1-3-4　较大型固定翼无人机

2. 辅助交通管制

当路网中出现交通事故逃逸、闯卡等违法违章的恶劣行为时，搭载视频传输系统和定位系统的无人机可以对肇事车辆进行长距离、长时间的跟踪和定位，并将相关信息传回，引导执法人员进行拦截和处置，在为打击道路犯罪做出贡献的同时，也避免了执法车辆直接在道路上对肇事车辆进行拦截甚至追逐而造成的危害，保障了路面执法人员的人身安全（图1-3-5）。

图 1-3-5　无人机辅助交通管制

3. 应急处置和现场指挥

当发生交通堵塞、交通事故甚至自然灾害，出现严重影响交通运行安全的时候，如何让决策者更快、更直观地了解现场情况是一个难题。固定摄像机的覆盖范围有限，不能满足全程视频覆盖的需要，而携带车载监视系统的车辆可能被漫长的车流隔离在远离现场的地方。这时无人机的使用使得在突发事件发生后的现场信息采集传输能力得到了极大的提升。

4. 协助救援

当路网中发生严重的交通事故时，随之而来的可能是大面积的交通堵塞，尤其是很多时候救援人员到达现场才发现有些救援所需的设备和药物不能及时到达现场，受伤人员不能得到及时的转移和救治，无人机的加入则可以有效解决这些问题。旋翼无人机（图 1-3-6）可以避开拥堵的车流和人群，将所需物资和器具送达现场，并将受伤人员信息传回，让外场救助人员获取足够的信息，从而做好后续救治的准备。

图 1-3-6　无人机协助救援

（三）基于无人机视频的交通检测

基于无人机视频可提取的交通参数包括交通流量、密度、道路服务水平、车辆轨迹、速度和加速度等。交通检测研究不仅能识别交通事故，还可以辨别交通瓶颈等交通异常情况。归根结底，交通参数提取或事故检测都是在车辆检测和车辆跟踪的基础上实现的，而交通事故检测是在车辆检测、车辆跟踪及交通参数提取的基础上综合判断出来的。它们形成了一个简明的无人机交通应用研究逻辑框架，如图 1-3-7 所示。

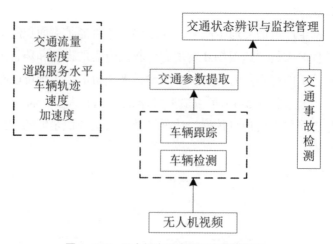

图 1-3-7　无人机交通应用研究逻辑框架

如图 1-3-8 所示，利用无人机进行交通信息采集，主要是指借助无人机平台搭载的高清视频设备拍摄的视频及照片对交通信息进行提取。其中，交通信息通常包含车辆检测、交通密度提取以及车辆轨迹提取三大类。

图1-3-8　使用无人机进行交通信息采集

1. 基于无人机视频的车辆检测

对于视频交通信息采集系统而言，运动车辆的检测是发挥系统功能的基础和前提，只有快速、准确和可靠地检测出车辆，才能进行下一步的交通参数提取。基于无人机视频的车辆检测技术路线如图1-3-9所示。

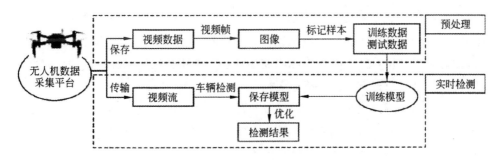

图1-3-9　无人机车辆检测技术路线

在使用无人机视频检测车辆时，也要考虑影响因素，这些参数对交通参数提取的精度有较大影响。

2. 基于无人机视频的交通密度提取

交通密度是交通流理论中的基本参数之一，对于研究交通流具有重要意义。受限于目前的交通信息采集技术或设备，还没有实现交通密度的自动化获取。无人机以其飞行高度和多视角的优势结合车辆检测技术实现了自动、准确地提取交通密度这个重要的交通参数。

交通密度提取的流程大致为：获取无人机拍摄的视频，选取需要提取交通密度的区域，计算出实际长度与图像像素密度的比例并进行标定，利用车辆检测算法检测车辆，计算交通密度。

3. 基于无人机视频的车辆轨迹提取

车辆轨迹对交通参数提取、驾驶行为研究和交通安全分析具有重要意义。目前，车辆速度检测受到检测技术和设备的限制，存在车辆之间相互遮挡等问题。本节充分发挥无人机采集交通视频的优势，提出了基于无人机视频的车辆轨迹提取方法。

车辆轨迹提取的主要流程为：将无人机视频图像转换成某一类色度图像，使用相应算法对图像进行处理，找到车辆坐标，处理下一帧图像，确定新坐标，记录每一帧图像中的车辆坐标并在当前帧图像中显示，最终得到车辆轨迹。

三、众包信息采集技术

用户众包（User Generated Content，UGC）是交通信息采集技术的一种。其分为主动众包和被动众包两种方式。智能终端设备（如智能手机、Pad 等）持有者下载安装特定的应用，并通过该应用提供的信息上报功能，主动将交通现场的交通信息以文字、语音、图片、视频等形式上传至应用运营后台，这种用户主动上报的方式称为主动众包。用户启动智能终端设备（如智能手机、Pad 等）上安装的特定应用，并授予应用获取位置信息的权限，应用运营后台通过获取的实时位置信息施以一定算法，继而推测出交通现场的道路交通流状况，这种获取用户实时位置信息的采集方式称为被动众包。

用户众包的信息采集方式，与浮动车原理相似，但是由于浮动车占城市交通流的百分比较低，并具有自身的一些业务特性，与城市交通流的运行规律有较大差异。而智能终端设备普及率较高，交通流中的用户一般都会配备智能终端设备，因此，能较为合理地反映城市交通流状况。

作为交通的参与者，有对实时路况信息的需求，同时也是路况信息的直接体验者，如果发生交通事故，经过现场的出行者把事故信息通过一定的方式共享出去，就可以为其他出行者提供参考，参与的人越多，信息就越全面、准确、及时，这就是用户众包，信息的使用者也是信息的提供者。基于众包的交通出行服务平台如图 1-3-10 所示。

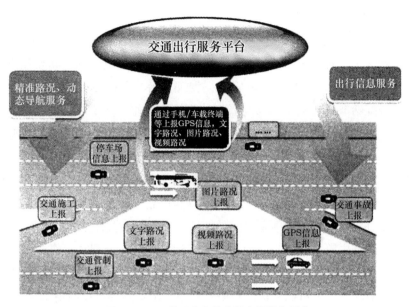

图 1-3-10 基于众包的交通出行服务平台

（一）交通信息用户众包的方式

1. 开放移动终端设备的位置接口

移动终端设备（如智能手机、Pad、车载终端等）通过安装的软件（如路况、导航软件等）在运动过程中定时将自己的位置、速度、方向等信息发送到数据处理中心，这样每个终端就是一个浮动车，当用户量达到一定程度时，就能计算出一个区域或道路的路况。

2. 用户直接反馈

当道路发生交通拥堵、交通设备（信号灯）故障时，用户通过智能手机、固定电话、车载通信设备等向数据中心发送信息，可采用短信、语音、图片、文字、视频等方式，当然直接拨打电话到数据中心是一种最直接的方式，也是最有效的方式。交通广播电台也把信息员上报路况信息作为主要的信息来源。

3. 用户通过微博、微信等发布

目前，微博、微信的用户量已经非常巨大，这些人群形成了随时随地发微博和微信的习惯，很多人也会把遇到的交通状况发送出去，通过微博、微信的搜索和关注可得到大量最新的路况信息。

（二）众包平台工作流程

近年来移动互联网与物联网等技术的飞速发展，使得众包从基于在线 Web 平台的模式转变为一种新型的计算模式，称为时空众包（也称为空间众包或移动众包）。简言之，时空众包是指以时空数据管理平台为基础，以将具有时空特性的众包任务分配给非特定的众包参与者群体为核心操作，并要求众包参与者以主动或被动的方式来完成众包任务并满足任务所指定时空约束条件的一种新型众包计算模式。

时空众包的主要参与者包括众包任务的请求者与众包参与者，他们通过时空众包平台建立联系。图 1-3-11 所示为时空众包平台的工作流程。一般地，时空众包平台首先对任务和参与者信息进行预处理，然后将这些信息交给任务分配引擎。随后，任务分配引擎基于任务特点和优化目标进行任务分配，并将相应信息反馈给请求者和参与者。根据不同的任务需求，时空众包平台既可以将任务执行结果直接反馈给请求者，也可以对执行结果进行整合汇聚后再反馈给请求者。

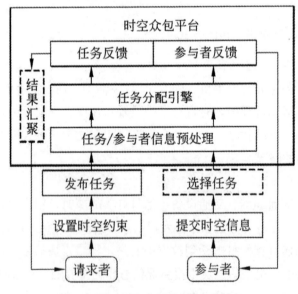

图 1-3-11　时空众包平台的工作流程

下面分别从请求者和参与者视角阐述工作流程。

1. 众包任务请求者工作流程

当众包任务请求者打算使用时空众包平台完成任务时，需要依次执行以下步骤：请求者需要先设置任务的时空约束，如派送类任务通常需要设置派送时间和地点等；设置完成后，请求者即可将任务提交到平台；随后等待平台反馈。

2. 众包任务参与者工作流程

众包任务参与者为了完成任务，需要提交自己的时空信息，如当前所在位置等，以供平台判定其是否满足相关时空约束条件。在一些平台上，参与者可浏览并自主选择任务。随后，参与者等待平台反馈。

四、各种移动式交通信息采集技术比较

移动式交通信息采集技术以其自身的特点在智能交通系统中发挥了重大作用，了解各种技术的优劣有利于在复杂的交通环境中更好地发挥它们的用处。各种移动式交通信息采集技术的优缺点比较如表 1-3-1 所示。

表 1-3-1　各种移动式交通信息采集技术的优缺点比较

信息采集技术	优点	缺点
浮动车采集	流动性强，几乎可以渗透到道路网各部分，采集范围不仅有点、线，还有面；技术平台众多，出租车、公交车均可成为载体；常结合调度和诱导系统建设，投资少；采集数据多样、准确；有利于交通诱导服务系统的建设	难以大规模、集中改装浮动车；平台车型种类众多，改装困难；检测特定区域的交通流状况时往往需要多个检测器；会降低道路的使用寿命；对路面车辆压力和温度敏感；当车辆类型变化较大时，精确性会降低
无人机采集	检测范围广；采集信息多样化；平台机动灵活，便于部署；可应急救援；无须考虑人员风险，危险任务风险低；出动准备时间短、效率高；成本低，尤其是小型无人机价格较低廉	荷载有限，搭载设备受限；续航时间较短；对天气要求较高；平台振动较大，检测精度受限；视线可能被树木、建筑物等遮挡
众包采集	利用出行者的信息分享，覆盖面大；成本低，无须过多硬件投入；网络传输速度快，信息反馈及时	用户少时无法获取全面及时的信息；信息质量受用户个人喜好影响，波动较大；无法判断信息可信度；用户隐私保护压力较大

第二章　现代交通信息交互与服务技术

本章主要讲述的是现代交通信息交互与服务技术，分别介绍了交通信息交互网络概述、交通信息交互基础应用与标准规范、交通信息服务技术三方面的内容。作者期望通过本章的讲解，能使读者对相关方面的知识有更深的理解。

第一节　交通信息交互网络概述

一、车辆自组织网络

智能交通是传统交通技术与信息技术、通信技术、传感技术、控制技术以及计算机技术等现代先进技术融合的产物，是应用于整个交通运输管理体系的一种在大范围内、全方位发挥作用的实时、准确、高效、综合的运输和管理的交通模式。信息交互技术是其中重要的组成部分，直接决定了智能交通系统的运营效率和服务质量。

车辆自组织网络是移动自组织网络（Mobile Ad-Hoc Networks，MANET）的一种特殊形式，近年来成为智能交通领域的热点话题。车辆自组织网络通过车辆间通信（Inter-Vehicle Communication，IVC）和路侧设施与车辆间通信（Roadside-to-Vehicle Communication，RVC）来实现交通信息的实时交互，为智能交通系统的实施提供可靠的无线网络通信环境，在未来智能交通系统的发展中有着不可替代的地位。

（一）无线网络和移动网络

1. 无线网络

无线网络（Wireless Network）是采用无线通信技术实现的网络，其主要组成要素包括无线主机、无线链路和基站。无线主机是运行应用程序的端系统设备。无线链路起到连接一个基站或者另一台无线主机的作用。基站是无线网络基础设施的一个关键部分。无线网络具有移动性好、架设和维护较容易的优点，并支持移动计算，但是也存在着体系结构复杂、传输速度慢、通信成本高等缺点。此外，由于无线网络传输媒介固有的开放性、无线终端的移动性、资源的受限性以及网络拓扑结构的动态性，无线网络存在较大的安全风险。

无线网络采用的通信技术、覆盖规模以及应用领域各不相同，因此存在多种分类方法。按照网络组织形式，它可分为有结构网络和自组织网络。有结构网络具备固定的通信基础设施，负责无线终端的接入与认证，并提供网络服务，如无线蜂窝网和无线城域网等；自组织网络按照自发形式组网，不存在统一管理机制，各节点按照分布式策略协同提供服务，包括移动自组织网络服务和传感器网络服务。相比较而言，由于缺乏网络架构和统一管理机制的支持，自组织网络（尤其是传感器网络）面临着更大的安全与隐私风险。按照覆盖范围、传输速率和用途的不同，无线网络又可分为无线广域网、无线城域网、无线局域网和无线个人区域网。

2. 移动网络

移动网络（Mobile Web）是指基于浏览器的 Web 服务，由一系列带有无线收发装置的动态节点形成，任意时间任一节点可以向任意方向运动，节点的运动是自主的，不同时刻的网络，其拓扑结构也随之发生变化。移动网络具有灵活性、移动性、安装便捷、易于进行网络规划和调整、无线传输带宽有限等特点。车联网的不同场景使用的技术有所不同，除了近距离通信技术外，属于中远距离通信技术的移动通信网络在车辆与基础设施之间进行信息交换时扮演了重要的角色。我国的移动网络覆盖广、性能优、可靠性高，专用短程通信技术（Dedicated Short Range Communications，DSRC）和 LTE-V 技术等为车联网的发展奠定了良好的基础。在车联网使用场景中，车 - 车通信主要通过移动通信网络实现，包括早期的车辆定位也是通过 GPS 和移动网络实现的。但是面对车联网，移动通信网络面临着以下问题：道路覆盖问题、对于延时敏感的关键应用所需要的服务质量保证问题等。因此，需要寻求各种方式扩大覆盖、扩充容量以及提高服务质量。目前，移动网络支撑了大部分的车联网应用，其通信潜力有待进一步挖掘。

（二）专用短程通信技术、LTE-V 技术及 5G 通信技术

1. 专用短程通信技术

专用短程通信技术是一种专门为车联网设计的高效短距离无线通信技术。该技术能够实现高速的数据传输，并且能够保证通信链路的低延时和系统的可靠

性。专用短程通信技术是由电气与电子工程师协会（IEEE）制定的。该技术的标准化流程可以追溯至 2004 年。当时电气与电子工程师协会在其 802.11 无线局域网标准系列下开始制定新的车载通信标准，这一标准即 IEEE 802.11p。2007 年前后，IEEE 802.11p 标准已经趋于稳定。于是电气与电子工程师协会又开始着手制定 1609.x 系列标准，并将其作为车对外界的信息交换的安全性框架。与此同时，美国汽车工程师协会从汽车工业的需求出发，也开始制定关于从虚拟到虚拟应用的标准。

日本在专用短程通信方面的发展处于比较领先的地位。2011 年，日本开始布设并升级路侧单元为 5.8 GHz 的专用短程通信，2017 年年底已基本布设完成，使用 2.4 GHz 与 5.8 GHz 双重频率，日本国土交通部在 2018 年 2 月宣布在 2022 年 3 月底停用老旧的 2.4 GHz 数字数据通信系统，全部转移到采用 5.8 GHz 的专用短程通信的数字数据通信系统。对于专用短程通信，路侧单元是其中的重要组成部分，车与车之间的信息交换通过路侧单元和车载设备之间的通信实现。目前，专用短程通信的专属带宽为位于 5.850～5.925 GHz 中的 75 MHz 频段。安装了车载单元的车辆和路侧单元通过专用短程通信可实现车辆间的通信和车辆与基础设施间的通信。专用短程通信可以实现在特定的小区域内（通常为数十米）对高速运动的移动目标的识别和双向通信。专用短程通信可实时传输图像、语音和数据信息，实现车辆与基础设施、车辆与车辆以及车辆与行人的双向通信。专用短程通信广泛地应用在 ETC、出入控制、车队管理、信息服务等领域，并在车辆识别、驾驶人识别、路网与车辆之间的信息交互、车载自组网等方面具备优势。

2. LTE-V 技术

LTE-V 是于 2017 年由第三代合作伙伴计划（3GPP）通过拓展 LTE 而制定的，专为另一种短距离通信和高速移动载体而设计。

LTE-V 技术包括集中式（LTE-V-Cell）和分布式（LTE-V-Direct）两个工作模式。集中式工作模式需要将基站作为控制中心，实现大带宽、大覆盖通信，满足道路事故或施工提醒、信号灯提醒、车速引导等信息服务以及交通效率类车联网的应用需求；而分布式工作模式可以无须基站作为支撑，使用 5.9 GHz 左右的智能交通系统专用频谱进行终端设备之间的直接通信，可直接实现车辆与周边环境低延时、高可靠的通信，重点满足前向碰撞预警（Forward Collision Warning, FCW）、交叉路口碰撞预警（Intersection Collision Warning, ICW）、紧急制动预警（Emergency Brake Warning, EBW）等行车安全类车联网的应用需求。相较于专用短程通信，LTE-V 技术拥有更大的带宽，因此能更好地支持非安全性应用，如文件下载和互联网连接。然而 LTE-V 技术的通信延时较大，这阻碍了它在安全性相关的场景中的应用，因此专用短程通信在碰撞预警等安全性相关的场景中的表现优于 LTE-V 技术。LTE-V 技术的支持者主要是部分手机和芯片制造商。在我国，LTE-V 作为拥有自主知识产权的通信技术，有利于国内企业规避专利风险，而且网络部署维护投入低，通过对现有的 LTE 网络基站设备和安全机制进行升级就可以实现，具有更明显的优势。LTE-V 技术可以采用现有蜂窝网络，使用现有基站和频段，组网成本比专用短程通信明显降低。

3. 5G 通信技术

根据国际电信联盟（ITU）对 5G 的定义，其是能提供 20 Gb/s 速率、延时 1 ms、每平方千米 100 万台设备连接、网络稳定性为 99.999% 的下一代蜂窝无线通信网络。通信业界将 5G 的应用划分为增强型移动带宽（eMBB）、海量机器类通信（mMTC）、超高可靠与低延时通信（URLLC）。

其中，eMBB 相当于 3G 或 4G 网络速率的变化，用于为用户提供更好的应用体验，而 mMTC 和 URLLC 则是针对行业推出的全新场景。目前，自动驾驶、增强现实（AR）、虚拟现实（VR）等新应用对 5G 的需求十分迫切，对通信网络的速率、稳定性、延时等提出了更高的要求。由于自动驾驶要求毫秒级的延时和绝对的可靠性，而 5G 的延时一般小于 5 ms，这对于专用短程通信和 LTE-V 技术来说都是无法达到的。5G 的通信标准制定主要由 ITU 和 3GPP 完成，主要对频谱等技术条件和标准进行制定。2015 年世界无线电通信大会给出了 6 个低频频段（6 GHz 以下）和 11 个高频频段（6 GHz 以上）作为候选频段，并在 2019 年召开的无线电通信会议中决定了最终的频段。目前全球的共识是：6GHz 以下频段用于满足 5G 网络覆盖和网络容量需求；6 GHz 以上频段除了用于满足 5G 网络容量外，还用作信号隧道。美国频谱规划由联邦通信委员会主导，高频段频谱是其重点发展方向。欧盟频谱规划由欧盟委员会无线频谱政策组（RSPG）制定，中低频段频谱是优先发展的频段。2016 年 8 月，我国发布《国家无线电管理规划（2016—2020 年）》，指出为 5G 预留不低于 500 MHz 的频谱资源。2017 年 6 月，工业和信息化部先后公布 5G 频谱规划，低频频段明确为 3.3～3.4 GHz、3.4～3.6 GHz 和 4.8～5 GHz，高频频段明确为 24.75～27.5 GHz 以及 7～42.5 GHz。全球各国加快了 5G 试验和商用计划，力争 5G 标准与产业发展主导权。我国于 2018 年进行了大规模组网试验，并于 2020 年正式商用 5G 网络。2016 年 11 月的第三代合作项目－无线接入网络（3GPP RAN）187 次会议中，华为主推的极化码（Polar Code）成为 5G 控制信道 eMBB 场景编码，这使得我国厂商在世界范围的话语权不断提高。

5G 技术总体可以分为无线技术（空口技术）与网络技术（网络架构）。无线领域的技术包括大规模天线阵列、超密集组网、新型多址和全频接入等技术，网络领域的技术包括基于软件定义的网络、网络功能虚拟化以及移动边缘计算等技术。其中大规模天线阵列是 Pre 5G 的核心技术，它的本质是通过天线的量变提高系统容量和频谱效率。超密集组网的本质是通过单位面积内部署的微机站密度的量变实现频率复用效率的巨大提升，它是满足 5G 千倍容量增长需求的主要手段之一。超密集组网和高频通信将会使小基站的需求大幅增加。移动边缘计算具备超低延时、超大带宽、本地化、高实时性分析处理等特点，降低了对核心网络及骨干传输网络的占用，并降低了端对端的延时，促进了网络切片技术的研究与发展。5G 技术将会带来巨大的经济市场和通信变革。

（三）车辆自组织网络的特点

车辆自组织网络继承了移动自组织网络的部分特点，如网络无中心且高度自治、拓扑结构动态变化、网络传输带宽有限、拥有多跳组网方式、安全性较差等。由于接入网络的节点是车辆，所以车辆自组织网络还具有无能量约束、移动速度快、移动轨迹受限，以及受隧道、高大建筑等障碍物影响等特性。此外，由于道路交通环境的不同，车辆自组织网络还具有以下特征。

（1）车辆节点具有较快的移动速度

同向行驶的车辆网络拓扑结构相对稳定，反向行驶的车辆相对速度较大，导致网络拓扑的变化频率较高，链路的使用寿命较短。

（2）无线信道不稳定

由于受高楼、隧道等建筑物遮挡以及车辆快速移动等方面的影响，无线信道不稳定。

（3）节点分布不均衡

一方面由于城市道路网络拓扑的特性，车辆节点只能分布在网状的道路上，呈现"管状"分布。另一方面由于不同路段的车辆节点密度不同，局部形成稠密网络或稀疏网络的不均衡状态。

（4）节点移动具有规律性

由于城市道路网络拓扑的特性，车辆在道路上有序行驶，车辆节点的移动轨迹具有较强的规律性。

随着信息化的不断发展，人们对个人的通信要求也越来越高。基于移动自组织网络技术的车辆自组织网络，能够为驾驶员提供一种安全可靠的通信方式，不仅能有效提高驾驶的安全性，提升路网的运行效率，还能为驾乘人员提供丰富的网络交互应用，这必将是未来智能交通发展的重要方向。

二、智能组网

（一）组网基础知识

移动通信网络一般有两种工作模式：有基础设施的基础设施模式和无基础设施的自组织模式。

1. 基础设施网络

站点与接入点通信而不是站点之间形成的通信称为基础设施网络。移动节点通过无线信号与其通信范围内的接入点通信从而享受优质网络资源，移动节点与接入点组成的基本业务组（Basic Service Set，BSS）结构如图 2-1-1 所示。

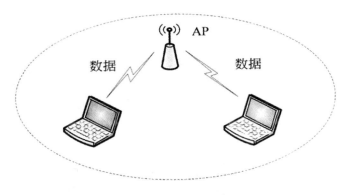

图 2-1-1 BSS 结构

2. 自组织网络

由两个或两个以上站点不依靠接入点或有线网络直接形成的通信称为自组织网络。自组织网络是一种自组织的无线多跳网络，可以快速建立节点之间的通信链路，整个网络中没有固定的基础设施，这种网络中的无线节点可直接进行通信，而不在彼此的无线覆盖范围内，无法直接进行通信的节点可以依靠其他多个中间节点进行通信。自组织网络中的所有节点不仅具备普通移动终端的功能，还具有数据转发功能，即具备路由功能。自组织网络中多个站点组成的独立基本业务组（Independent Basic Service Set，IBSS）结构如图 2-1-2 所示。

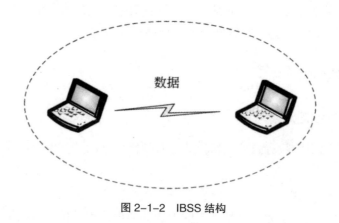

图 2-1-2　IBSS 结构

多个 BSS 通过分布式系统连接构成扩展业务组（Extended Service Set，ESS）结构，如图 2-1-3 所示。在 ESS 结构中，通过分布式系统在不同 BSS 之间完成信息的交互融合。

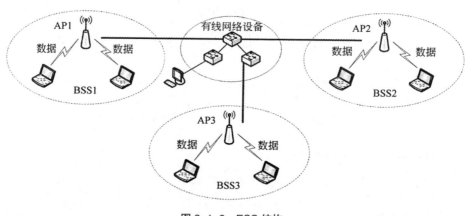

图 2-1-3　ESS 结构

多个 IBSS 构成的网络一般有两种结构：平面结构和分级结构。平面结构如图 2-1-4 所示。所有节点的地位平等，所以又可以称为对等式结构，而在分级结构中，网络被划分为簇。每个簇由一个簇头和多个簇成员组成。簇头形成的高一级网络中可以继续产生分簇，再次形成更高一级的网络，直至最高级。分级结构的网络又可以分为单频分级和多频分级两种。单频分级结构如图 2-1-5 所示。所有节点使用同一频率通信，簇头之间使用网关节点通信，簇头和网关形成的高一级网络称为虚拟骨干网。

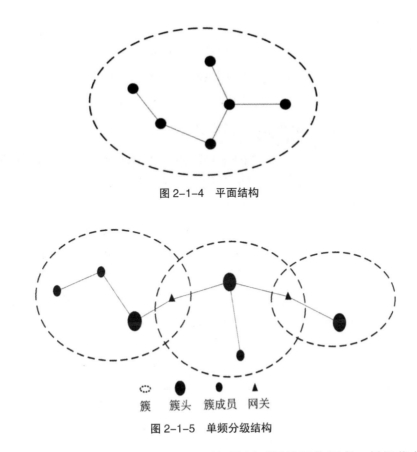

图 2-1-4 平面结构

簇　　簇头　　簇成员　网关

图 2-1-5 单频分级结构

多频分级结构如图 2-1-6 所示。不同级使用不同的通信频率，低级节点的通信范围较小，高级节点的通信范围较大，由于高级节点处于多个级中，具有多个频率，因此可实现不同级之间的通信。

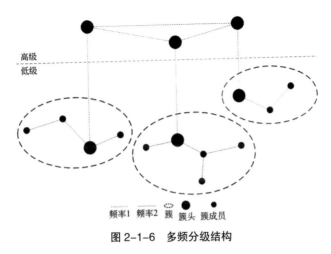

频率1　频率2　簇　簇头　簇成员

图 2-1-6 多频分级结构

车辆自组织网络是一种动态变化的、基于无线信道的自组织网络，每个无线节点都可以在道路中按照路网规则自由移动。它的体系结构、服务质量保障和应用等问题比较复杂并难以解决，传统固定网络和蜂窝网络中的各种协议与技术无法直接利用，所以需要为其设计专门的协议与技术。

（二）计算机网络的标准化与分层模型

计算机网络中存在众多不同的体系结构，其中最著名的是由 IBM 公司于 1974 年提出的 SNA，其特点是只能与同种结构的网络互联，也就是只能选用 IBM 的产品。为了解决不同体系结构的网络互联问题，国际标准化组织于 1981 年制定了开放系统互联参考模型（Open System Interconnection，OSI）。OSI 的设计是为所有销售商提供开放的网络模型，以克服众多私有网络模型带来的兼容性困难。OSI 把网络通信分为七层，由低到高分别是物理层（Physical Layer）、数据链路层（Data Link Layer）、网络层（Network Layer）、传输层（Transport Layer）、会话层（Session Layer）、表示层（Presentation Layer）和应用层（Application Layer）。各层次功能如表 2-1-1 所示。

表 2-1-1　OSI 七层结构

七层结构	数据格式	功能与连接方式	典型设备	协议代表
应用层		为操作系统或网络应用程序提供访问网络服务的接口		Telnet、FTP、HTTP、SAE J2735
表示层		统一通信双方传输信息使用的语义和语法；完成数据转换、格式化和文本压缩		
会话层		提供包括访问验证和会话管理在内的建立与维护应用之间通信的机制		DIS8236、DIS8237
传输层	数据段	在并不可靠的网络层提供端到端的传输服务；实现同一主机、多个进程之间的通信		TCP、UDP、WSMP
网络层	数据包	实现端到端的传输；路由建立、拥堵控制	路由器	IP、IPX、OSPF
数据链路层	数据帧	在并不可靠的物理链路上为网络层提供可靠的点对点通信；流量控制；把网络层的数据单元封装，把物理层提供的比特流分离出链路层要求的帧	交换机、网桥	SDLC、HDLC、PPP、STP
物理层	比特流	实现发送端和接收端的信号同步；建立、维护和取消物理连接	中继器、集线器	802.11a/b/g/n/ac、RJ-45、RS-232

第二节　交通信息交互基础应用与标准规范

车联网系统中，节点之间的信息交互是系统正常运行和功能实现的基础，所以车载通信系统也是车联网研究领域的重中之重。所谓车载通信系统，是指在智能交通系统、传感器网络技术发展的基础上，在车辆上应用先进的无线通信技术，实现交通高度信息化、智能化的手段。车载通信系统的广泛定义是指装载在汽车上的移动通信系统。车载通信系统通过车车、车路通信将交通参与者、交通工具及环境有机结合，提高了交通系统的安全和效率。

车载通信系统通常被分为表示层、会话层、应用层、传输层、网络层、数据链路层和物理层。其中应用层主要包括消息集和消息集内的数据帧与数据元素，以及消息的数据结构和编码方式。

一、车载通信系统基础应用

车载通信系统使得车辆、路侧设备以及其他交通参与者之间的信息交互成为可能，故在此基础上实现通信系统的具体应用开始被一一实现。大量的场景如今已经被运用到了现实的交通中，还有一些正在被人们讨论与研究。车联网可应用在道路安全服务、自动停车系统、紧急车辆让行、自动跟车等方面。车联网的应用不仅保证了道路交通安全，还可以为车主提供便利。下面将从安全、效率、信息服务三个类别介绍数种典型的车载通信系统的应用。

（一）安全类应用

车辆行驶过程中最首要的就是驾驶安全，正因如此，安全类应用是车载通信系统最为典型的应用。通过信息交互，车辆可获得周边车辆的行驶数据以及其他交通设施的数据，并进行数据分析，当达到预警条件时提醒驾驶人，修正危险的驾驶行为，提升驾驶安全性。部分安全类应用介绍如下。

1. 前向碰撞预警

前向碰撞预警应用是指目标车辆在道路上行驶，当与在正前方同一车道的车辆存在追尾碰撞危险时，将对目标车辆驾驶人进行预警，辅助驾驶人避免或减轻前向碰撞，防止或减轻追尾事故带来的伤害，提高道路行驶安全，如图 2-2-1 所示。

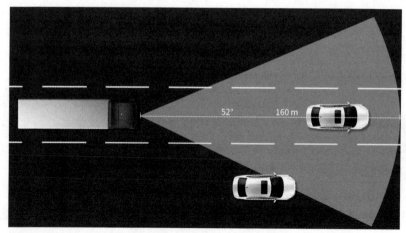

图 2-2-1　前向碰撞预警示意图

前向碰撞预警的基本工作原理如下：

①分析接收到的周围车辆消息，筛选出位于同一车道前方（前方同车道）区域的前车。

②进一步筛选处于一定距离范围内的前方车辆作为潜在威胁车辆。

③计算每一个潜在威胁车辆的碰撞时间或防撞距离，筛选出与本车存在碰撞危险的威胁车辆。

④若有多个威胁车辆，则筛选出最紧急的威胁车辆，并进行预警。

2. 左转辅助

左转辅助（Left Turn Assist，LTA）应用是指当车辆在交叉路口左转与对向驶来的远车存在碰撞危险时，将对驾驶人进行预警，辅助驾驶人避免或减轻侧向碰撞，提高交叉路口通行的安全性，如图 2-2-2 所示。

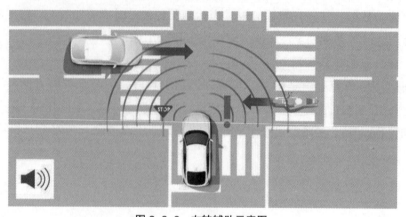

图 2-2-2　左转辅助示意图

左转辅助的基本工作原理如下：

①分析接收到的远车消息，筛选出位于本车相邻车道的迎面车辆。

②进一步筛选处于一定范围内的远车作为潜在威胁车辆。

③计算每一个潜在威胁车辆到达路口的时间以及距离，筛选出与本车存在碰撞危险的威胁车辆。

④若有多个威胁车辆，则筛选出最紧急的威胁车辆。

⑤系统通过交互界面对本车驾驶人进行相应的碰撞预警。

3. 盲区预警

盲区预警（Blind Spot Warning，BSW）应用是指当行驶车辆的相邻车道上有同向行驶的其他车辆出现在本车盲区时，将对本车驾驶人进行提醒，避免车辆变道时与相邻车道上的车辆发生侧向碰撞，提高变道行驶安全，如图 2-2-3 所示。

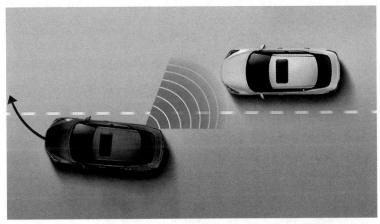

图 2-2-3　盲区预警示意图

盲区预警的基本工作原理如下：

①从接收到的其他车辆消息中筛选出位于本车左后相邻车道和右后相邻车道的车辆作为潜在威胁车辆。

②判断潜在威胁车辆是否处于或即将进入本车盲区。

③如果潜在威胁车辆处于或即将进入本车盲区，则对本车驾驶人进行盲区预警提醒。

4. 红灯预警

红灯预警（Red Light Violation Warning，RLVW）应用是指当主车经过有信号控制的交叉路口（车道），车辆存在不按信号灯规定或指示行驶的风险时，将对驾驶人员进行预警。本应用适用于城市和郊区车路、公路的交叉路口、环岛的出入口、可控车道、高速路入口和隧道等有信号控制的道路。红灯预警应用辅助驾驶员安全通过信号灯路口，提高信号灯路口的通行安全，如图2-2-4所示。

图2-2-4　红灯预警示意图

5. 交叉路口碰撞预警

交叉路口碰撞预警应用是指当车辆驶向交叉路口与侧向行驶的车辆存在碰撞危险时，将对驾驶人进行预警，辅助驾驶人避免或减轻侧向碰撞，提高交叉路口驾驶安全，如图2-2-5所示。

图2-2-5　交叉路口碰撞预警示意图

交叉路口碰撞预警的基本工作原理如下：

①分析接收到的侧向车辆消息，进而筛选出位于交叉路口左侧或右侧区域的侧向车辆。

②进一步筛选处于一定距离范围内的侧向车辆作为潜在威胁车辆。

③计算每一个潜在威胁车辆到达路口的时间及到达路口的距离，筛选出存在碰撞危险的威胁车辆。

④若有多个威胁车辆，则筛选出最紧急的威胁车辆。

⑤系统通过交互界面对本车驾驶人进行相应的碰撞预警。

6. 紧急制动预警

紧急制动预警应用是指当车辆行驶在道路上并与前方行驶的远车存在一定距离，但前方远车进行紧急制动时，将这一信息广播出来。本车检测到远车的紧急制动状态，若判断出该事件与本车相关，则对本车驾驶人进行预警，辅助驾驶人避免或减轻车辆追尾碰撞，提高道路行驶通行安全，如图 2-2-6 所示。

图 2-2-6　紧急制动预警示意图

紧急制动预警的基本工作原理如下：

①当远车出现紧急制动事件时，将这一信息对外进行广播。

②本车接收到远车信息后，判断其是否包含紧急制动事件。

③本车将紧急制动车辆分为相同车道车辆与相邻车道车辆。

④本车进一步根据车速、位置等信息判断本车是否与紧急制动车辆相关，若存在潜在危险，则对驾驶人进行提醒。

7. 逆向超车预警

逆向超车预警（Do Not Pass Warning，DNPW）应用是指当本车行驶借助逆向车道超车，与逆向车道上的逆向行驶车辆存在碰撞危险时，将对本车驾驶人进行预警，辅助驾驶人避免或减轻超车过程中产生的碰撞，提高逆向超车通行安全，如图2-2-7所示。

图 2-2-7　逆向超车预警示意图

逆向超车预警的基本工作原理如下：

①分析接收到的车辆消息，筛选出位于本车左前方相邻逆向车道的车辆。

②进一步筛选处于一定距离范围内的车辆作为潜在威胁车辆。

③计算每一个潜在威胁车辆到达碰撞点的时间和碰撞距离，筛选出与本车存在碰撞危险的威胁车辆。

④若有多个威胁车辆，则筛选出最紧急的威胁车辆。

⑤若发现本车主动进行变道超车动作，与逆向车道上的车辆碰撞条件成立，则系统通过交互界面对本车驾驶人进行相应的碰撞预警。

8. 异常车辆提醒

异常车辆提醒（Abnormal Vehicle Warning，AVW）应用是指当远车在行驶过程中打开故障报警灯时，对外广播"该车故障，报警灯开启"，本车收到消息后识别其属于异常车辆，当该车辆可能影响本车行驶路线时，提醒本车驾驶人注意，辅助驾驶人及时发现前方异常车辆，从而避免或减轻碰撞，提高通行安全。

异常车辆提醒的基本工作原理如下：

①故障车辆打开故障报警灯并发送消息。

②本车接收消息并识别异常状态的车辆。

③若判断其与本车存在碰撞危险，则及时报警；若有多个威胁车辆，则筛选出最紧急的威胁车辆。

9. 道路危险状况提示

主车行驶到潜在道路危险状况路段，存在发生事故的风险，道路危险状况提示对主车驾驶员进行预警。该场景可进一步细分为若干子场景：隧道提醒、道路紧急封闭、交通事故信息、桥下积水、路面破损、道路湿滑、弯道信息提醒。

10. 弱势交通参与者碰撞预警

主车在行驶中，与周边弱势交通参与者，包括行人、自行车、电动自行车等存在碰撞危险时，弱势交通参与者碰撞预警应用将对车辆驾驶员进行预警，也可对行人进行预警。弱势交通参与者碰撞预警应用辅助驾驶员避免或减轻与侧向行人的碰撞危险，提高车辆及行人通行安全，如图 2-2-8 所示。

图 2-2-8 弱势交通参与者碰撞预警示意图

（二）效率类应用

在环保意识提升的当代，在保证行车安全的基础上，如何在行驶过程中尽可能地节能减排也成为研究的重点。效率类应用的作用就是通过车路通信系统的信息交互，使车辆获取部分路况信息，并选择能耗更少或效率更高的驾驶行为。部分效率类应用有以下几方面。

1. 绿波车速引导

绿波车速引导（Green Light Optimal Speed Advisory，GLOSA）应用是指当装有车载单元（OBU）的车辆驶向交叉路口并收到信号灯发来的状态数据后，给予驾驶人一个建议车速区间，使车辆经济、舒适地通过路口，如图 2-2-9 所示。

图 2-2-9　绿波车速引导示意图

2. 前方拥堵提醒

前方拥堵提醒（Traffic Jam Warning，TJW）应用是指当车辆行驶的前方发生交通拥堵状况时，路侧单元会将拥堵路段信息发给车辆，此时对驾驶人进行提醒。

3. 紧急车辆提醒

紧急车辆提醒（Emergency Vehicle Warning，EVW）应用是指车辆行驶中收到紧急车辆提醒，以为消防车、救护车、警车或其他紧急呼叫车辆等让行。紧急车辆提醒的基本工作原理如下：

①分析接收到的紧急车辆消息，筛选出位于本车受影响区域的紧急车辆。

②将处于一定范围内的紧急车辆作为优先让行紧急车辆。

③计算优先让行紧急车辆到达的时间和行驶距离。

（三）信息服务类应用

信息服务类应用主要指在车辆行驶过程中，驾驶人需手动进行非常规且必要的信息交互式应用，最常见的就是支付行为。汽车近场支付（Vehicle Near-Field Payment，VNFP）是指车辆作为支付终端对消费的商品或服务进行支付的一种服务方式。汽车通过路侧单元发生信息交互，间接向支付机构发送支付指令，产生货币支付与资金转移行为，从而实现支付功能。

车辆具备支付功能后，在智能交通的各应用场景下，可以有效加速相关付费过程的效率与执行准确性。在停车支付和 ETC 场景，通过收费单元与汽车的有效自动化联动，可以提高通行效率；在未来无线充电场景，可以解决根据充电量实时支付的问题，同时无须操作充电设施，提升用户体验；在购买车辆保险的场景，可以根据本车实时车况数据直接完成汽车保险的购买，从而实现车险个性化定价，提高商业服务质量。

汽车近场支付的基本工作原理如下：

①路侧单元广播"我是收费站"的信息，OBU 收到相应信息后发送汽车信息，并建立通信连接。

②路侧单元发送收费请求，OBU 接收后，根据车辆自身性能、内部支付单元计算支付金额，发出应答支付信息。

③路侧单元收到应答支付信息后进行收费处理，其中包括对支付账户的风险性检测以及实时与后台系统的交易确认（如是否为黑名单账户，是否符合合法交易条件等）。

④路侧单元向 OBU 通知扣款（此时可选择传输电子发票等凭据），OBU 做相应记录并结束通信。

二、应用层交互数据集、标准及数据接口规范

车联网中充斥着车与外界的信息交换相关的数据流，这些数据流不仅数据量极大，而且由于来源、去向和用途的区别，结构复杂、种类繁多。为了方便对各种车与外界的信息交换的数据进行解析及应用，需对各方面的数据进行整合，数据输出时即进行标准化处理。处理后的数据结构简洁统一，数据流的处理也更加容易和方便。

（一）应用层交互数据集及标准

根据车辆信息的来源，应用层的交互数据集被分成四个类别，分别为车辆基本安全消息（Basic Safety Massage，BSM）、路侧安全消息（Roadside Safety Massage，RSM）、信号灯消息以及地图消息，且分别各有该种消息固定的数据格式。

1. 车辆基本安全消息

车辆基本安全消息主要涵盖车联网内的车辆自身的数据（如位置、速度）以及车辆安全状态数据，是使用最广泛的一个应用层消息。车辆可通过自身广播该消息，将自身的实时状态告知周边车辆，以支持一系列协同安全的应用。

车辆基本安全消息主要包含的内容如下：

①通信数据：时间戳和消息计数数据。

②车辆数据：车辆的 ID、车辆类型、车辆三维等数据。

③行驶数据：车辆位置（三维、经纬度以及海拔）数据，以及车辆行驶速度、加速度、方向角、制动等数据。

2. 路侧安全消息

路侧安全消息指路侧单元向周围车辆发布的交通事件信息以及交通标志牌信息。其中，交通标志牌信息参考国家标准《道路交通标志和标线第 2 部分：道路交通标志》（GB 5768.2—2009），其中包含所有的标志牌信息，而临时的交通事件信息则可通过文本发布。

路侧安全消息主要包含的内容如下：

①通信数据：时间戳和消息计数数据。

②通信单元数据：路侧单元 ID、路侧单元位置等数据。

③路侧信息数据：警示牌信息、信息优先权重、信息源位置、警戒半径（信息生效区域）等数据。

3. 信号灯消息

信号灯消息主要表示车辆周边范围内一个或多个信号灯的相位信息，与 MAP 信息结合可更加全面地表示道路路况，为车辆应用（如车速引导等）提供可靠的数据源。

信号灯消息主要包含的内容如下：

①通信数据：时间戳和消息计数数据。

②信号灯标识：信号灯 ID、信号灯位置、对应路口 ID 等数据。

③相位信息：信号灯颜色、起止时间、倒计时、可行驶方向等数据。

4. 地图消息

地图消息是路侧单元周边一定范围内的简化地图数据，该数据包含多个路口和区域的信息，由路侧单元广播，车辆在接收后即可获取周边局部区域的地图信息，并可以此为依据进行一定程度的诸如路径规划、车速控制等功能的实现。

地图消息主要包含的内容如下：

①通信数据：时间戳和消息计数数据。

②路段信息：包括该路段的 ID、路段长度和宽度、限速等数据。

③车道信息：包括车道数量、车道宽度、车道内车流量等数据。

④道路连接关系：主要表示道路的连接方式、位置分布等。

⑤局部地区的路口信息：包括路口位置范围、交叉道路 ID 等信息。

（二）应用层数据接口规范

应用层数据接口主要包括与系统应用对接的应用程序接口（Application Programming Interface，API）和与不同通信设备对接的服务提供者接口。其中，应用程序接口可以让不同的应用开发者独立开发能实现互联互通的应用，而无须担心使用的通信方式或者通信设备，也无须担心通信功能是通过调用本机驱动实现还是通过通信调用远程的通信模块实现。服务提供者接口可以实现车载通信系统与不同通信方式或者通信设备的兼容，并满足通信技术不断更新的需求。

1. 应用程序接口

应用程序接口就是软件系统不同组成部分衔接的约定。其目的是提供应用程序与开发人员基于某软件或硬件得以访问一组例程的能力，而无须访问源代码或理解内部工作机制的细节。由于近年来软件的规模日益庞大，常常需要把复杂的系统划分成小的组成部分，所以编程接口的设计十分重要。在程序设计的实践中，编程接口的设计先要使软件系统的职责得到合理划分。良好的接口设计可以降低系统各部分的相互依赖，提高组成单元的内聚性，降低组成单元间的耦合程度，从而提高系统的维护性和扩展性。

当下的车联网发展呈现多样性，不同的设计规范、不同的开发需求、不同的开发环境以及不同的硬件设备等都会导致应用开发难以相互对接，数据应用难度加大。一组应用程序接口设计标准和规范可以定义车联网内各种数据流的传输接口，在不同开发环境、开发工具及硬件基础的情况下，数据也可通信及解析，各个应用功能均可以正常使用。

主要的应用程序接口类型如下：

①本机信息类，主要用于本机通信设备、本机通信状态等数据的请求和确认等，是数据输出的第一步。

②通信操作类，主要用于做出基础的通信操作，是车辆是否融入车-车通信网络的基础，如消息初始化、消息发送与终止服务的请求和确认等。

③数据镜像服务类，主要用于通信数据镜像的处理过程、防止由于数据错误而引起功能失效等情况，以及后续的车联网大数据分析可以从中获取数据备份，主要包括车辆基本安全消息、路侧安全消息、信号灯消息、地图消息的请求应答和请求通知。

④数据应用服务类，主要用于数据处理解析，也是车联网功能实现的核心部分，如远程车辆、事件车辆、路侧警示、信号灯、行人等主要交通行为参与者的

信息请求、请求应答和请求通知。

⑤管理服务类，主要用于各操作者的操作过程，如服务列表获取、供应商与用户服务操作、支付操作等的请求及请求应答。

2. 服务提供者接口

服务提供者接口属于应用程序接口的一种设计方法，主要是指由供应商提供给各开发商用于二次开发的一些接口。由于数据库的多样性，可以向外提供一组接口，由数据库厂商实现对应的接口，可以在使用的时候通过配置加载进来并实现内置功能。

主要的服务提供者接口类型如下：

①操作初始化请求及请求确认。

②专用短程通信短消息发送请求、发送请求确认以及接收通知。

③专用短程通信管理实体设置请求及请求确认、获取专用短程通信管理实体属性请求及请求确认、专用短程通信管理实体供应商及用户操作请求与请求确认，以及专用短程通信管理实体接收通知消息等。

第三节　交通信息服务技术

一、交通信息服务系统的组成及工作原理

交通信息服务系统是指通过信息处理软件把从各方集中起来的各种信息，处理成各方需要的交通数据信息，按各咨询单位的咨询需求提供咨询服务的系统。此系统把各分系统所采集的信息集中起来，如交通信号自动控制系统、路线导行系统以及电子收费系统等采集的公共交通信息，市际交通管理系统及铁路、航空等运行管理系统采集的市际交通信息，紧急救援系统采集的紧急事件及处理信息等。

先进的交通信息服务系统主要由交通信息中心、通信网络和用户信息终端三大功能单元组成，系统构成如图2-3-1所示。

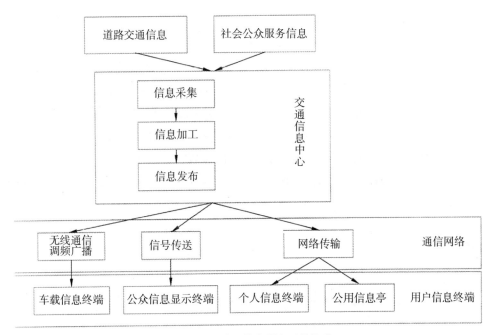

图 2-3-1　交通信息服务系统构成

二、交通信息服务系统的技术基础

1. GPS

GPS 原名为导航星系统（图 2-3-2）。GPS 是美国国防部研制建立的一种具有全方位、全天候、全时段、高精度的卫星导航系统，能为全球用户提供低成本、高精度的三维位置、速度和精确定时等导航信息，整个系统需要 24 颗卫星以提供高精度的定位和连续的全球覆盖，是卫星通信技术在导航领域的应用典范。

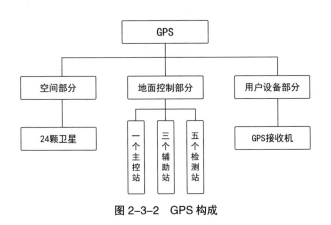

图 2-3-2　GPS 构成

在使用 GPS 信号导航定位时，只有观测 4 颗 GPS 卫星才能计算观测站的三维空间坐标，这被称为定位星座。地面控制部分即地面监控系统。GPS 卫星在导航定位中的位置是通过卫星发射的星历计算得到的。星历是描述卫星运动及其轨道的参数，由地面监控系统提供。GPS 卫星的地面监控系统主要包括位于美国科罗拉多州的主控站以及分布在全球的三个辅助站和五个监测站。用户设备部分即 GPS 信号接收机。GPS 信号接收机的任务主要是捕获和跟踪卫星信号，并对该信号进行处理，以便实时计算出观测的三维空间位置、速度和时间。GPS 信号接收机在静态定位中捕获和跟踪 GPS 卫星的过程固定不变，而动态定位则是利用 GPS 接收机测定一个运动物体的运动轨迹。

当前，GPS 技术已经广泛渗透到经济、科学等众多领域。随着智能交通系统的发展，GPS 技术也广泛运用于车辆等移动目标的定位和导航领域。

2. 地理信息系统

地理信息系统（Geographic Information System，GIS）又称地学信息系统或资源与环境信息系统。GIS 是一种重要的地球空间数据管理的信息系统，是一种基于计算机的地学信息空间数据库的管理平台，具有其他数据库系统没有的独特功能，除了数据库通用的数据输入、存储、查询、显示等一般功能外，还具有把传统而独特的地学信息记录载体——地图和地理分析功能与一般的数据库操作功能集成在一起，实现空间地理信息的存储、查询和统计分析等的功能。GIS 通常由硬件系统、地理数据、软件系统和用户构成，如图 2-3-3 所示。

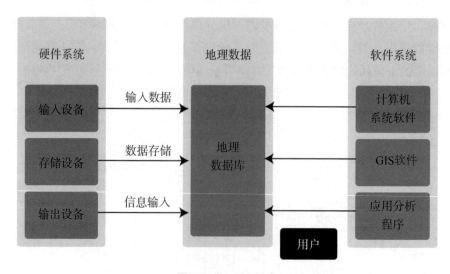

图 2-3-3　GIS 组成

目前，人们应用 GIS 对地球表层人文经济和自然资源及环境等多元复合信息进行管理和分析，通过 GIS 发现区域的自然环境、经济地理要素的空间分布、空间结构、空间联系和空间过程的演变规律，服务于区域宏观决策和多目标开发等区域发展。

GIS 与传统的交通信息分析和处理技术相结合，延伸出了交通地理信息系统（Geographic Information System for Transportation，GIST）。GIST 是 GIS 在交通勘测设计、交通管理、交通规划领域中的应用，是交通信息服务系统运行的基础。

GIST 最基本的功能就是对图层进行编辑和测量，并且支持图层的显示，最主要的功能是对于其属性以及空间的数据进行编辑，还附带有输入和存储功能，另外一个功能就是对交通地理信息时空的分析以及制图。编辑功能包括属性的更改和用户需要的点、线、面的删除或者添加；对于测量功能，可以对所属区域进行面积的测定或者对需要测量的地图上的线段进行测定；而对于制图的功能，无论是制作还是对于地图的显示来说，都是灵活多样的，在对细节进行的显示中，不同的所属交通信息客体都能进行输入以及输出（显示）。通过这些功能，GIST 构建了交通路网的空间数字模型，为数字交通地图的生成和交通属性数据的加载提供了基础。此外，GIST 还具有叠加功能、动态分段功能、地形分析功能、栅格显示功能等。

3. 地图匹配技术

交通系统中数据采集的目的是将交通环境中的感知器所获取的数据进行融合，收集交通系统状态的动态特征数据信息。最基础的地图匹配技术就是车辆的动态位置数据在 GIST 中的分析和处理，而获得移动车辆位置数据信息的技术称为在线地图匹配（Map Matching）。在线地图匹配算法是通过运用少量的简单信息，如卫星定位的 GPS 经纬度数据等，计算运动车辆在道路网路段上的位置，这是位置传感器获得 GPS 数据与路网模型的一个动态融合过程。

在线地图匹配技术为交通信息系统提供了连续的车辆位置数据，它纠正了 GPS 定位误差引起的车辆在路网模型（道路网数字地图数据模型）上的显示偏差，使得交通信息系统能实时获悉车辆行驶的准确道路位置信息，为道路交通流运行状态和车辆行驶路径优化等交通信息分析提供数据支持。

4. 基于云计算的交通大数据挖掘技术

交通数据是交通信息服务系统的根基，它拥有数据源的地域特性，数据获取的空间范围广泛，产生的频率较高，并且具有持续不间断的特点。综合结算系统存在数据来源多样、数据结构复杂和数据量大等问题，交通信息中心对获取海量信息的挖掘和深入分析，达到对交通物理现象的准确认知，是准确掌握交通现象实质及其发展变化规律的基础。针对综合结算系统拥有的海量交通信息数据，需要构建数据的分析处理、运算和存储。交通感知时空数据云计算处理模型如图2-3-4所示。

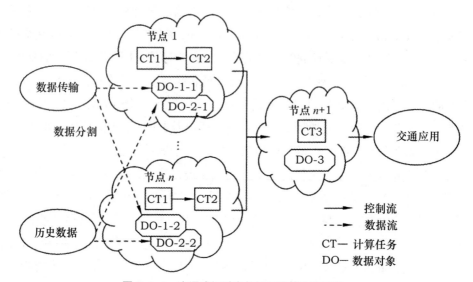

图 2-3-4　交通感知时空数据云计算处理模型

云计算系统具备超高的计算性能，单机设备每天处理的信息量最大多达2000万张图片。云计算分析具备对卡口、电子警察以及部分监控设备拍摄的车辆图像信息的结构化智能分析功能，主要包括识别图像中的车辆的品牌、型号、车身颜色、类别、异常特征（如遮挡面部、遮挡号牌）、唯一性局部特征（如年检标志、车内饰物）等关键信息。可对提交的图像中的车辆车牌颜色及车牌号进行二次识别，通过大数据技术对诸如图像等多源海量数据进行知识挖掘，对车辆在卡口数据的时间、地理、轨迹等进行对比识别以得到交通系统网络的运行状态等分析结果。

云计算技术在交通信息系统中应用的优势有两个：一是提高了交通信息设备资源的利用水平，有效提高了各项设备资源的利用率，降低了信息平台的建设成本；二是提高了交通信息数据的处理水平，云计算融合了分布式计算，通过分布式计算可以实现数据的分布式处理，在极短的时间内实现海量数据的存储、挖掘、分析、处理，为交通信息服务系统进行合理交通信息的发布提供科学的数据支持。

云计算技术具有超强的计算、动态资源调度、按需提供服务以及海量信息集成化管理机制，可以有效地进行海量数据存储、计算和分析，从而丰富交通信息服务内容，提高信息传递的可达性与准确度，从交通信息服务系统内核提升服务的质量。交通信息中心计算层通过云计算技术高效地从海量数据中心分析、挖掘所需的信息和规律，结合已有经验和数学模型等生成更高层次的决策支持信息，获得各类分析、评价数据，为交通诱导、交通控制、交通需求管理、紧急事件管理等提供决策支持，为交通管理、规划、运营、服务以及主动安全防范带来更加有效的数据支撑，也为公共安全和社会管理提供一种新的理念、模式和手段。例如，针对城市路段存在的周期性交通拥堵问题，综合结算系统通过将大量数据信息上传到云端，利用云计算进行海量数据的综合分析，排除各种随机干扰，同时云计算根据交通流理论描述交通运行规律，刻画出交通拥堵机制，从而为区域交通诱导和控制提供信息服务。

第三章　现代交通信息物理系统及其架构

本章主要讲述的是现代交通信息物理系统（Cyber Physical Systems，CPS）及其系统架构，分别介绍了交通信息物理系统、交通信息物理系统的意义及影响、交通信息物理系统的架构三方面的内容。作者期望通过本章的讲解，能使读者对相关方面的知识有更深的理解。

第一节　交通信息物理系统

一、交通信息物理系统简介

人口老龄化、气候变化、特大城市的出现、能源需求的增加以及对智能、绿色和综合交通的全面需求，已被明确确定为现代社会面临的主要全球性挑战。嵌入式智能系统的研究和创新，有望成为解决这些重大挑战的关键技术方案。在这些系统中，传感器和执行器等物理元素与软件等信息元素协同工作，监视和启动物理过程，而相关的网络空间、记录和分析功能用于存储数据并支持决策。此外，通信和物联网的协同式迅速发展已使嵌入式系统具备了集体意识的能力而不是孤立地发挥作用。例如，使用传感器直接记录物理数据，并使用执行器影响物理过程，如作为交通信息的传感器——智能手机收集信息非常迅速、方便，使个人和机构能够轻松地评估道路拥堵程度、二氧化碳排放情况等，从而采取近乎实时的方式实现有效的交通管理。信息物理系统是这样一种系统，它无缝地将计算算法和物理组件集成在一起，相互之间的通信能力远远超过了相对"不起眼"的嵌入式系统。

信息物理系统一词还没有确定的定义，特别是在大西洋两岸国家或地区的使用和理解方式中似乎有显著的差异。美国的定义似乎同样重视信息物理系统的信息和物理组成部分，而欧盟的定义似乎更加强调信息物理系统的信息部分。

美国对信息物理系统的定义：信息物理系统是计算和物理过程的集成。嵌入式计算机与网络通过反馈环路监视和控制物理过程，在反馈环路过程中影响计算，反之亦然。

欧盟对信息物理系统的定义：信息物理系统是具有嵌入式软件的系统，此系统中使用传感器直接记录物理数据，并使用执行器影响物理过程；评估和保存记录的数据，并积极与物理和数字世界交互；通过数字通信设施（无线及/或有线、本地及/或全球）在全球网络内互相连接；使用全球可用的数据和服务；拥有一系列专用的、多模态的人机界面。

信息物理系统推动了包括交通系统在内的各个领域的创新，其中交通领域内的信息物理系统被称为交通信息物理系统。

现代城市的交通拥堵问题，很大程度上是由于没有解决好交通信息系统和交通物理系统的深度融合且缺乏有效的协同控制而产生的。事实上，如果能实现对交通物理系统的综合感知，包括对交通载运工具、交通参与者、交通基础设施的状态等交通要素的信息感知，通过高度可靠的通信传输，结合交通信息系统强大的计算处理能力，达到有效、完备和准确地控制信息，进而实现对交通物理系统的实时、有效、无误控制，这将为解决交通问题提供准确、实时、优质的信息和服务。

因此，交通信息物理系统运用信息、物理融合系统解决交通问题，核心就是将交通物理对象和系统状态传递到信息系统中，基于计算、通信、控制技术的集成，将交通信息基础数据元与交通物理元素融为一体，发挥信息技术在感知、传输、存储、分析挖掘和优化控制等方面的优势，通过信息系统和物理系统之间的相互作用与反馈，在对交通物理现象与系统状态准确认知的基础上，实现交通系统的信息沟通、系统协调和优化决策控制，这必将成为交通信息物理系统应用和下一代智能交通系统发展的重要研究方向。

与传统的交通系统相比，交通信息物理系统可以通过增加信息系统与物理系统之间的反馈交互，达到更高的效率和可靠性。交通信息物理系统大致可分为三类，包括基于基础设施的交通信息物理系统、车路协同交通信息物理系统、基于车辆的交通信息物理系统，如表 3-1-1 所示。

表 3-1-1　交通信息物理系统的分类

交通信息物理系统的类型	物理组成	信息组成	应用
基于基础设施的交通信息物理系统	交通信号、基础设施传感器（如摄像头）、交通管理中心的计算设备等	有线/无线通信、软件	实时基础设施监控、交通控制等
车路协同交通信息物理系统	车辆及其相关的传感器，如GPS、交通管理中心的计算设备等	无线通信、软件	传输信号优先级、队列监控预警等
基于车辆的交通信息物理系统	车内的传感和计算设备。执行机构，如齿轮、制动器、点火器等	无线通信、软件等嵌入式电子控制单元	近距离检测、黑冰检测等

　　交通系统是一个与社会、贸易、政治和环境相辅相成的复杂系统，其中交通信息物理系统领域正在逐步发展，同时减少了环境压力，并满足了人与货不断增长的在空运、陆运和水运方面的社会需求。这些社会需求包括交通模型、大数据分析、实时控制和优化、验证和确认、计算机网络和网络安全。图 3-1-1 所示为交通信息物理系统总览，其中，启动紧急制动系统等决策是由交通信息物理系统执行器（如制动器等）基于交通信息物理系统传感器（如车辆上的雷达、摄像机等）采集的数据来实现的。

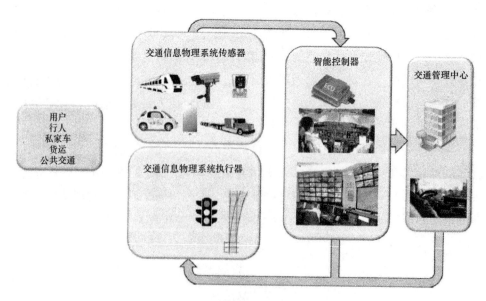

图 3-1-1　交通信息物理系统总览

传统上，决策是由车辆驾驶员或交通管理中心决定和执行的。驾驶员或交通管理中心通过评估从不同传感器或捕获的信息中观察到的内容进行决策，即驾驶员或交通管理中心充当控制器。此外，智能控制器可以在分析从监测传感器接收的数据后再评估现有的条件，然后做出决策并自动启动执行器。

二、交通信息物理系统示例

交通信息物理系统对社会和环境的安全、保障和效益至关重要，因为其代表了一些最重要的基础运输系统，如航空运输、铁路运输、道路运输和水路运输系统，以及人与货物运输的组成部分。以下将介绍不同运输方式下的交通信息物理系统。

（一）航空交通信息物理系统

航空运输将人、国家和文化联系在一起，并提供进入全球市场的机会，具有推动经济社会发展的内生能力，是所有运输方式中影响最深远的一种。客货航空运输需求持续增长，2017 年的客运量相较于 2012 年同比增长 31%，为满足这一需求，预计飞机数量将在未来 20 年翻一番。由于巨大的社会经济效益和随之而来的需求的增长，航空部门拥有目前最复杂的交通信息物理系统。因此，航空部门具有交通领域最早和最先进的信息物理系统。现代航空系统具有将信息空间与物理空间紧密耦合的巨大潜力。这主要源于互联网、通信网络和信息技术领域的进步，以及诸如信息可靠性、可用性、安全性、隐私性以及性能参数（如带宽、吞吐量、延时和数据量）等方面的进步，这些都是实时操作环境的强制性要求。

航空交通信息物理系统的物理要素广泛多样，其范围包括不确定的自然空域（如云、压力、降水、风暴、风、气穴、温度、太阳干扰、周围野生动植物等）、基础设施和硬件（如实际的飞机及其众多的机电系统与空中控制系统、跑道、机场等）以及人为因素，这些都是通过政策、性能目标（如安全性、隐私性、效率）、性能参数（如速度、燃料燃烧速度、空气质量、旅客吞吐量）以及航空行业内的法律、道德和现有的信息物理系统来控制和监控的。

以欧洲为例，空中交通管理（Air Traffic Management，ATM）领域的信息物理系统的发展正在"欧洲单一天空空中交通管理研究"（Single European Sky ATM Research，SESAR）计划框架下进行，该计划是由欧盟和欧洲空中导航安全组织作为主要的创建机构，与空中导航服务商、科学界和不同类别的空域用户合作的项目。SESAR 的主要目标是将欧洲的空中交通管理系统变成一个更加模块化和自动化的系统，以实现安全和环保的目标。图 3-1-2 所示为启用 SESAR 的综合航空交通管理系统，显示了飞行的每个阶段和 SESAR 的程序要求。

图 3-1-2　启用 SESAR 的综合航空交通管理系统

空中交通管理系统是多个信息物理系统的组合，能够支持飞行员特别是在恶劣天气条件下进近降落，这实际上是空中交通管理的一个集成信息物理系统。大多数机场使用地面卫星导航系统来支持飞行员在恶劣天气条件下进近和着陆，以及提供精确的位置信息，从而在确保安全的同时保证其容量需求。地面卫星导航系统使用的是四颗全球导航卫星系统和一个高频广播发射机系统，计算出飞机与所选进近路径的差分校正位置和偏差，从而有助于飞机在能见度较差的情况下自动安全着陆。另一个例子是飞机碰撞预警，其中基于增强型机载避撞系统的飞机将自动改变高程。在实施增强型机载避撞系统后，飞机将自动调整所选飞行高度进近时的垂直速度，以减少不必要的驾驶舱干扰。

与 SESAR 相关的是美国的"新一代航空运输系统"，其主要目标是通过逐步取代基于雷达的无线电通信数据和手动处理基于卫星技术的数据，减少天空和机场的交通拥堵情况。下一代系统中信息物理系统的一个突出例子是自动相关监视广播。自动相关监视广播技术可使一架飞机通过基于高完整性的 GPS 技术自动准确地确定位置，并通过专用数据链路将该位置定期向邻近机组和地面空管中心广播。该技术可帮助飞机提高态势感知能力，从而更准确地判断安全的自分离距离。可以看出，自动相关监视广播技术将取代辅助雷达的任务。相关学者提出了具有自我监测功能和自动校正飞机的综合航空交通信息物理系统，该系统实现了自动优化并支持各方面的决策，并为乘客提供个性化体验，包括他们在飞机上或在机场所需的放松 / 工作环境。航空电子软件的发展为这一愿景提供了支持，该软件正在从分布式和隔离的板载架构转变为多核和多处理计算机上运行得更加集成的模块化航空电子架构。集成的体系结构允许一致且无缝的元素相连接，模块化允许各个进程之间的清晰分离，从而在出现错误或攻击时可以实现更好的管理和隔离。模块化还支持现成的组件，如传感器、执行器和射频识别标签，这些组件也越来越经济实惠、高效，且碳排放量越来越低。航空电子软件通过机载网络向基于商用以太网的标准化飞机数据网络的转变而发展。这种软件和通信的集成并不局限于机载系统，而是通过几个专用的数据链路将机载系统集成到地面和空中。

鉴于所有这些进展，图3-1-3给出了一个用于控制飞机窗户的信息物理交互的简单示例。目前，已有技术可以实现利用飞行控制传感器结合航班和乘客的具体情况来控制飞机窗玻璃透光率，进而实现自动化的优化机组操作，否则必须由中央控制器来监控或为个别乘客提供帮助服务。这些特征虽然简单，但是可以改善乘客的个人体验。

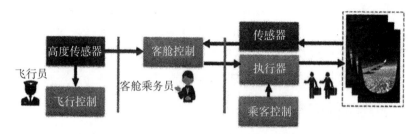

图3-1-3　用于控制飞机窗户的信息物理交互示例

航空交通信息物理系统尽管在航空领域取得了明显的技术进步，但仍有许多挑战尚未被征服。克服这些困难的动力来源于环境能力的提高，同时容量、安全性和效率都有了巨大的提升。

（二）铁路交通信息物理系统

铁路运输可以被看作相对传统的运输方式，已知最早的类似于铁路的运输形式始于16世纪，主要是欧洲矿山中的货车运输方式。早期的"火车"是人或马，逐渐发展成蒸汽动力发动机，然后是今天人们熟悉的柴油和电动发动机。近年来，通信网络和信息技术领域的进步已经渗透到这种传统的交通工具的运营中，将其转变得更有效、可靠和安全，有望为客户提供个性化的旅程体验。

以欧洲为例，铁路交通信息物理系统的组成部分可以用列车控制系统的组成部分来解释。针对欧洲列车控制系统（European Train Control System，ETCS），西门子开发了一种称为"火车警卫"（Train Guard）的解决方案。对于一级应用，"火车警卫"将可变轨道空位检测信息发送到车载天线。驾驶员通过显示器获取允许的速度、前方的线路曲线、速度限制和欧洲列车控制系统特定的数据。一旦列车超过最大允许速度，驾驶员就会收到警告；如果没有反应，执行器就会主动将列车减速到允许的速度。另一个例子，车载 GPS 跟踪设备可以在列车运行时实时准确地跟踪列车，从而通过车站公告、网站和手机应用程序为客户提供实时列车时刻表。这种列车跟踪技术不仅有助于列车运营商更好地向乘客提供信息，还支持操作员提前规划和执行决策，以便在发生延误或紧急情况时进行实时调度变更。实时列车跟踪技术和先进的通信技术也将会帮助列车与汽车自动地相互传递各自的位置，特别是在接近十字路口的时候。

信息技术的创新不仅有助于提升铁路的营运和顾客满意度，更推动了铁路综合管理系统的发展，使得铁路复杂资产得以有效管理和更新。例如，对沿线建筑物、砖石结构、排水系统、信号系统、轨道等的自动状态监测。围绕无线传感器网络已经进行了大量的开发，以实现铁路基础设施状态监测过程的自动化。在这一领域面临的挑战是发展一个综合和全面的实时状态监测系统。这可能包括将基础设施健康监测传感器数据与列车路线数据结合起来以验证轨道状况，如利用通过同一位置的几列列车监测的振动数据来验证轨道缺陷。

（三）道路交通信息物理系统

道路运输已成为伤亡地球的主要制造者之一，也是温室气体排放的最大提供者之一，因此，道路运输部门面临着巨大的压力，面临人们生活日益增长的需求，全球汽车总量预计在 2030 年将达到 16 亿辆。道路运输对社会、环境和经济产生着巨大的影响，因此它是目前信息物理系统进行重大研发投资的主要领域之一，旨在提高安全性、减少拥堵和提高道路通行能力，并同时满足严格的环境法规。我们已经看到嵌入式智能系统（包括车辆、基础设施、货物和管理）、车与外界的信息交换的通信技术和应用以及自动驾驶员安全系统的重大进步。在对人和货物的私人或公共运输中这种发展也同样可见。

道路交通信息物理系统的组成部分可以用基于感知的交通事故管理系统来解释。道路交通信息物理系统包括信息物理空间中交通状况评估的三个主要过程：感知过程、态势评估和驱动过程。道路交通信息物理系统的组成如图 3-1-4 所示。基于异构多传感器数据融合的感知来自数据融合的交通状况信息支持评估过程。处理完信息后，可以对交通资源进行优化分配，以减小事故的影响或缓解交通紧急状况。

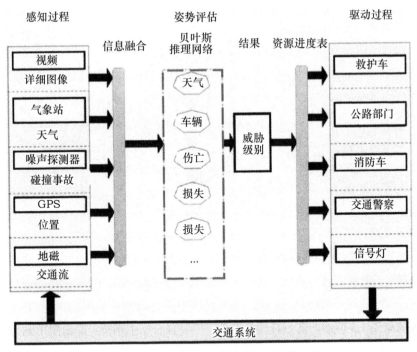

图 3-1-4　道路交通信息物理系统的组成

从用户 / 消费者的角度来看，移动即服务领域已取得了重大进展，消费者尤其是年轻一代热衷于将出行视为可以在需要时购买的服务，而对所有权的偏好较少，体现了从所有权模型到服务模型的显著变化。这种服务模式也是企业和政府在引入无人驾驶车辆时所看到的主要商业模式。移动即服务的增长加速归功于智能手机的大量使用以及愿意公开数据库的机构，消费者接受优步的服务方式就是一个很好的例子。交通信息物理系统服务的另一个例子是众多旅行规划应用程序的使用。显然，为每个人的移动需求提供个性化解决方案是交通信息物理系统服务的重要课题，旅行规划应用程序提供适合每个人需求的定制选项，提供最环保的、距离最短的低成本路线。

全球的交通管理者也看到了嵌入式解决方案的主要优势。例如，通过智能高速公路项目，英国高速公路部门正在引进主动的交通管理技术，以解决现有道路空间高速公路拥堵问题。智能高速公路系统通过包括摄像头在内的路侧传感器监控交通运行情况，然后通过改变限速、激活警告标志、关闭车道或允许使用硬路肩来缓解交通拥堵。

不同车辆层面的应用均可作为交通信息物理系统的例子。电动汽车的动态无线电力传输就是一个例子，当电力传输线圈感应到电动汽车通过时就会激活电力传输。但是，21 世纪交通信息物理系统的模式变革中，最有希望的变化是无人驾驶汽车的研发和部署。无人驾驶汽车从车辆健康检查、个人偏好考虑和道路交通状况的出行线路规划到障碍物检测、避撞、轨迹规划以及行驶阶段的动态路径规划的各个方面，只有通过与嵌入式信息空间解决方案的紧密耦合才能实现，如智能算法、有效数据分析、车与外界的信息交换，还有物理元素如电子控制单元、传感器、执行器、路侧设备（如交通信号灯）以及在车内和车外的人。

交通信息物理系统的所有进步只可能随着基础设施的进步而实现，电动汽车的感应充电就是其中一个例子。伦敦交通局已经为在车站等候的公共汽车引入了无线充电，这是许多典型例子中的一个。

（四）水路交通信息物理系统

水路运输是最古老的运输方式之一，它在国与国之间运送人员和货物，并决定了国家经济的繁荣程度。水路运输一直是国家间运输重型货物的主要运输方式。水路运输工具对一个国家的战略军事防御基础设施也很重要，包括水上和水下运载工具。然而，水上交通工具在正确定位、探测障碍物、避免碰撞和导航方面面临着一些极具挑战性的环境。水路交通信息物理系统技术的进步，特别是在传感器数据采集、控制和通信精度方面的进步，极大地推动了水路运输的发展。

与航空、铁路和道路交通信息物理系统类似，水路交通信息物理系统可以用自己的一套传感器、控制器和执行器来描述。现代船舶配备了低成本、可靠的智能传感器，可以监测周围环境和系统性能。船舶机械系统越来越多地由软件控制。船舶控制系统可以集成电气和机械执行器，使用这些执行器可以维护安全和确保有效的航线。

水上运输部门正在运用各种技术，包括 Wi-Fi、蜂窝网络、甚高频数据交换系统（VDES）技术，最重要的是卫星通信技术。到 2025 年带宽利用将达到 217 Gbps，如图 3-1-5 所示，这将大大提升信息通信效率。路线选择、燃料消耗、资产管理等将在很大程度上实现自动化。

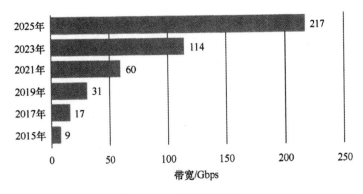

图 3-1-5　带宽利用情况

信息物理系统由海事部门部署的情况如下。

第一，动态定位系统。

动态定位系统利用传感器精确定位船只，并探测和定位水中的障碍物或危险物，从而计算出安全的轨迹并按轨迹航行。

第二，船舶管理。

船舶管理包括监测和管理船舶的所有部件的状态或位置，感知恶劣天气状况，并为船舶应对这些情况做好准备，监测石油储量，调整部件，优化燃料利用率。

第三，推进和导航系统。

推进和导航系统的远程监控特别适用于水下无人驾驶船舶。这具有挑战性，因为 GPS 信号强度很弱，在一些地方甚至不存在信号。此外，与这类船舶的通信也不可靠。利用同步定位和绘图等技术，惯性传感器和信标可以在具有挑战性的环境中支持定位与导航。

第四，其他领域。

其他一些领域包括岸上控制中心的船队管理、港口货物装卸载自动化管理，以及包括航行计划、发电和推进系统在内的能源优化管理。传感器和控制系统也用于通过自动检测和调整来降低噪声与振动。

三、交通信息物理系统的特点

（一）广泛感知

对交通物理对象状态的感知，是交通信息物理系统的基础，包括对交通基础设施、载运工具、环境、出行需求、交通状态等的实时感知，这些感知的特点是具有广泛的空间分布与持续的时间需求。

（二）有效反馈

交通信息物理系统中感知的交通物理对象及系统信息必须进入信息系统加以处理。由于交通系统的移动性和持续性，信息传输存在的问题包括：如何在广泛的空间进行传输，如何保证传输的实时性、持续性与可靠性，如何使有线传输与无线传输更好地结合。

（三）深度融合

根据不同的感知手段和传输方法获得的反馈信息，均是从不同角度反映集人、车、路于一体的复杂交通系统的外在特征。为更全面地把握交通状况，交通信息物理系统应对这些信息进行深度融合，达到两个目标：一是物理世界的特征和状态通过网络化的异质传感器实时、协同、可信、安全、可靠地传输到信息世界，使信息世界能够准确分析物理世界的状况，并及时做出控制决策；二是信息世界的控制决策通过网络化的控制系统和执行器实时、协同、准确地控制物理世界的行为。

（四）准确认知

由于交通系统的复杂性，人类在认识交通现象和把握交通本质上尚需各种交通信息的支撑。交通信息物理系统在对反馈信息的甄别处理、去伪存真和深度融合基础上，通过对获取的海量信息的深入分析和挖掘，达到对交通物理现象的准确认知，为准确把握交通现象实质及其发展变化规律奠定基础。

（五）统筹协调

鉴于交通系统的复杂性，交通信息物理系统在准确认知交通现象、把握实时状态和预测发展趋势的基础上，必须通过一定的系统协调机制，在相应信息传递协议基础上，实现不同交通子系统之间的统筹协调。

（六）优化决策

智能交通系统的一个显著特点是可以根据掌握的信息做出优化决策，交通信息物理系统是下一代智能交通系统的发展方向，因此根据交通信息物理系统做出的决策应该是最优的。

（七）可靠控制

在交通信息物理系统中，交通信息系统和交通物理系统之间存在相互作用与反馈。交通信息系统通过传感器感知交通物理系统中物理设备的信息，反之交通信息系统通过执行器来控制交通物理系统中的物理设备。交通信息系统对交通物理系统进行动态控制，而交通物理系统对交通信息系统具有反馈作用，即交通物理系统可以通过信息反馈来影响交通信息系统的控制效果。

（八）高效服务

建设交通信息物理系统的一个目的便是方便出行者的出行，因此，高效服务是建设交通信息物理系统的一个重要目标。

第二节　交通信息物理系统的意义及影响

一、交通信息物理系统的意义

交通是 21 世纪全球面临的社会和环境挑战的核心。交通在促进经济全球化发展的同时，有望成为解决人口老龄化和灾害管理等的推动者，并为解决环境污染、气候变化等问题做出贡献。这些只是交通信息物理系统影响社会和周围环境的一些例子，其中环境效益和社会效益是相辅相成的。

（一）交通信息物理系统的环境效益

交通运输部门是化石燃料的主要消费部门，因此也是全球温室气体——二氧化碳的主要排放者。据预测，到 2050 年，交通运输部门化石燃料使用中二氧化碳的排放量将占全球总排放量的 30%～50%。值得注意的是，道路运输业是运输业中二氧化碳排放量最多的行业，航空业紧随其后。最大限度地减少化石燃料的使用，并增加运输部门可再生能源的使用率，是解决温室气体排放的一种方法，因此包括政府在内的所有部门都在采取措施，加速替代能源的使用，如电、氢和燃料电池。

航空部门正在积极研究替代燃料来源，如生物燃料、氢电池、天然气等。这些解决方案带来了新的挑战，如设计、安全和性能方面的挑战，交通信息物理系统可以很好地为这些挑战提供有效的解决方案，从而使选用可持续燃料更加可行。

（二）交通信息物理系统的社会效益

交通信息物理系统预计会带来巨大的社会效益，促进无缝旅行，改善交通方便程度和提高运输安全。许多交通信息物理系统解决方案通过促进无缝旅行、改善可达性和提高安全性而使社会受益，数据源的便捷可访问性提供了更快、更可靠和更大容量的通信网络。一个对应的例子是使用智能手机的拼车应用程序正在大量涌现，这些应用程序将后台多个数据源的数据库集成到前端，为通勤者提供高效的出行解决方案。交通信息物理系统决定最近的可用车辆并调度驾驶员。这些应用程序得益于动态更新的数据集，而这可以通过手机中的传感器和可用车辆上的位置传感器等进行实时数据感测来实现。

如今许多汽车制造商提供的自动制动系统或自动紧急制动系统是交通信息物理系统直接造福社会的一个恰当例子。自动紧急制动系统使用摄像头、激光雷达等传感器的组合来检测即将发生的碰撞，警告驾驶员采取行动或者控制汽车的制动或转向系统，或者两种操作同时进行以避免碰撞。类似的例子还有自动巡航控制系统和自动泊车系统，随着向全自动驾驶迈进，车辆的自动化程度不断提高，自动泊车系统的功能也在不断增强。

随着车辆对周围环境感知程度的提高，人为失误的可能性会降低，预计与事故相关的数量和损失也会降低，从而造福于整个社会。

自动驾驶汽车的出现被设想为重新定义移动性并带来巨大的环境效益和社会效益。医学领域的进步使人们活得更长久，自动驾驶汽车将使不断增长的老年人受益，如无人驾驶汽车可以把他们从家门口送到目的地而无须自己开车，使老年人能够在更广大的社会中继续享受生活。

二、交通信息物理系统的影响

得益于低成本、低功耗、高质量传感器的可用性，充裕的通信带宽和速度，以及不断增加的高性能计算设备，交通信息物理系统的发展非常迅速。然而，这是一个集成了许多专业知识的领域，如通信网络、体系结构、建模和仿真、验证和确认以及人为因素。

（一）交通信息物理系统对体系结构的影响

考虑到所有运输模式的安全性都非常重要，交通信息物理系统的体系结构设计对任何给定应用的性能都是必不可少的。交通信息物理系统是异构元素的复杂集成，包括但不限于异构通信技术、数据或异构性信息，以及来自不同厂商的具有不同处理能力的多个终端设备、操作系统、通信介质以及闭环中的人员。面对如此多样化的异构性，主要的挑战是设计适应性强、可扩展和安全的交通信息物理系统体系结构，特别是现有的面向对象的体系结构和面向服务的体系结构是基于抽象设计的，这些抽象为软件系统而不是物理系统服务，但不适合于软件和物理紧密耦合的系统。对这种跨域不确定性交通信息物理系统，挑战还在于评估体系结构和开发测试平台，以便对结构保障性进行测试。挑战还包括交通技术的新兴组件，这些组件是移动的（这意味着用户在所处的位置利用组件的功能），并迅速发展成为体系结构模型。一个完备统一的体系结构是交通信息物理系统整个生命周期的基础，包括从交通信息物理系统的设计、验证、安全防护到开发、部署、维护和最终退役。

（二）交通信息物理系统对专业的教育体系的影响

交通信息物理系统汇集了交通工程、控制系统、通信网络、实时系统、嵌入式系统、网络安全和机械工程等多方面的专业知识。从建模、仿真到开发、维护和操作，交通信息物理系统生命周期的每个阶段都迫切需要熟练的人员操作。这一领域面临的挑战是，要开发课程来填补这一技能缺口，方法是培训每一个学科的个人，同时能够欣赏和理解所有其他学科在更广泛的交通信息物理系统内的相互作用。相关研究表明，目前的工程专业的本科和研究生课程还不足以培养未来能开发智能交通系统的交通专业人员。超越传统的工程教育的边界，多学科教育是必不可少的，应为交通信息物理系统发展做好人才储备。

（三）未来的交通信息物理系统——智慧城市/区域

为了提高服务效率和生活质量，智慧城市包括了数字连接的城市基础设施和服务系统（如交通系统、医疗保健系统、公共安全系统），这些系统部署了各种通信技术、实时收集数据的基础设施和数据分析设备。

第三节　交通信息物理系统的架构

一、概述

近年来，人们经常用"信息–物理"一词来描述那些物理传感器和计算融合的复杂系统，这些系统通过网络与相关系统建立连接，所有连接在一起的系统的集合被定义为物联网。美国国家科学基金会将信息物理系统定义为由计算算法与物理实体无缝集成的工程系统。无缝集成的基础是严格的结构化和分析式的系统架构。相比较传统系统研发，无缝集成可以让系统设计问题尽早暴露。

交通信息物理系统架构一般包括传感器、控制器、执行器以及相关的网络基础设施，如互联网或云基础设施。衍生出网联车这种可以采集整车数据的产品，以及在本地或者在云端处理分析数据并将数据存储做进一步处理的其他产品。数据和指令在各种通信渠道上传输，这就对数据分析的质量提出了较高要求，尤其是对时序和安全相关的数据分析的质量。选择合适的架构模型能在一定程度上提升系统的安全性和失去网络连接时的容错性。爱瑞克（ARINC）对架构分析和设计语言（Architecture Analysis and Design Language, AADL）定义了一个分区模式，针对简单故障提供隔离和保护功能。即容忍通信故障在系统环境中进行本地存储，有选择性地删除数据以防止超出本地存储容量限制，或者在断开连接时对系统进行降级处理。

"信息－物理"一词经常用于判断系统和流程设计的决策是否合理。当系统控制某个物理过程时，需要实时感知系统的运行状态，并对系统未来的行为进行预测和控制，这时最好使用信息物理系统体系架构。

交通运输系统利用信息物理架构对系统进行定义，以加深对系统运行环境的了解，确保系统的计算信息状态与物理控制状态保持同步。在评估信息物理系统时，可以向交通运输专业人士提出问题。

一个系统中既有模拟量又有数字量，这就需要搞清楚准确值与近似值、离散值与连续值的关系。软件工程师需要意识到物理世界中的物理对象都有自己的物理特性，如动量，而不像信息世界中的物体可以按照要求立即停止。架构应该对系统涉及的所有实体的类型加以描述，并将这些实体划分到不同的域中，不同域之间的关联也需要进行描述。

（一）网联

信息物理系统是联网的。每个系统通常有几种不同类型的传感器，传感器信号通过一系列协议进行传输。由于网络中断或拥塞经常发生，所以必须保证系统在数据延迟或中断时能够稳定运行。系统需要对网络入侵或攻击行为进行监测和拦截。这样就可能提高系统的处理延迟，但也会导致交织采样时传感器读取错误。在体系架构设计时，必须保证这些异步信号准确有序，且能得到正确处理。

（二）开放／开源

开放／开源指的是向系统添加新功能（如即插即用），不需要对系统进行重新配置。AADL 的集成开发环境（Integrated Development Environment，IDE）是基于 Eclipse 框架结构开发设计的，新组件在安装时被放置在一个特定目录里，当启动这个组件时，新的功能才能触发。

开放 / 开源的系统是灵活和可扩展的，这降低了开发和维护的成本，并缩短了投放市场的时间。为支持新功能的实现、满足市场快速变化的需求，信息物理系统随着技术的发展而不断演进。这将带来多重效果，因为当系统被赋予新的功能时，能够支持和完成更加复杂的功能。交通运输工程师需要和系统架构师一起，对系统未来的功能特性或运行条件进行预测，如连续可用性等。

（三）不确定性

系统的物理空间与信息空间之间的分界线也是系统中准确值与近似值的分界线，传感器感知物理世界的信息并将其转化为数字信号，这个转化的值并不是精确值，当传感器失灵或者读数不准确时，传感器就无法准确反映环境的状态。成熟系统往往都有一套控制系统不确定性的机制。

信息物理系统的规模和复杂性是导致不确定性的另一原因，尤其是政府使用的系统。在政府使用的系统中，政府提出了顶层宏观的需求，并将这些需求进行分类继而提供给系统供应商，供应商会进一步提出更为细化、专业的系统需求。这个过程就是将最原始的想法或抽象概念转化为具体、可操作的专业实施方案的过程，不确定性就来源于对需求的理解和转化过程，尤其是当需求不能被准确理解时就容易出现偏差或错误。

预期行为的偏差是不确定性的另一个来源。这些偏差来源于人员在设计和操作过程中所犯的错误，如建模时将组件进行了错误的分类，使得实际系统不能满足预期功能需求。不确定性还来自组件之间不可预料的相互作用，当组件 1 的输出信号与组件 2 的输入信号的范围和要求相符时，组件 2 可能会产生不可预料的行为，因为组件 1 的输出信号对组件 2 的影响没有经过充分的测试和评价。

二、背景

交通信息物理系统是信息物理系统在交通领域的应用，它将深度融合"3C"技术，即计算、通信、控制技术，实现对交通物理实体信息数据的感知、采集、回传，通过综合、计算、分析处理，完成对交通物理实体的实时自动化控制。交通信息物理系统是当前智能化交通管理的重要研究内容。

（一）AADL

AADL 是一种架构描述语言，由美国汽车工程师学会于 2004 年开发，可以用于对信息物理系统的确认和验证。AADL 是强类型定义语言，可以使用其他语言进行扩展。AADL 示例中有一些是错误模型表达，规定了传播错误。语法中有一些是行为语法，如安全与保障等，这些语法表达可以通过状态机添加到架构中。

AADL 可以对软件和硬件建模。软件由过程、线程和子程序构成，而硬件往往由设备、处理器、总线和存储器等组成。通过 AADL 可以将软件和硬件连接在一起形成一个集成系统。图 3-3-1 展示了一个基于 AADL 的简单巡航控制系统的代码段。它使用来自不同传感器的数据作为加速 / 减速决策的依据。

```
        features
            sensed_speed:          in data port data_types::speed;
            sensed_speed_limit:  in data port data_types::speed;

    end cruise_control;


system implementation cruise_control.impl
        subcomponents
            radar:         device radar.impl;
            gps:           device gps.impl;
            camera:        device camera.impl;
            controller:  process controller.impl;

        connections
            radar_con:   port radar.data_out->controller.data_in;

    end cruise_control.impl;
```

图 3-3-1　基于 AADL 的简单巡航控制系统的代码段

该系统由雷达、GPS、摄像机三个设备组件和一个名为控制器的过程组件组成，系统的连接部分定义了组件之间如何相互连接。本示例中，雷达传感器的数据被连接到控制器的输入端。

AADL 中每个组件有两个定义。第一个定义是规范，明确组件的功能特性，每一个功能特性包括输入端口和输出端口，端口可以是事件端口、数据端口或者事件 / 数据端口，每个端口都需要明确数据类型。第二个定义是规范的实现方式，一般此定义会放置在第一个定义之后，并且用关键字"implementation"（实施）进行表达。之所以设置两个定义，是因为往往一个规范可能会有多个不同的实现方式。

除了核心语言之外，AADL 还是一种处理特定类型行为的独立语言。行为语法超出了在正常条件下定义组件行为的结构。状态机符号用于描述对输入信号响应的逻辑流。

错误语法定义了一种基于特定域的语言，便于开发人员对系统错误进行分析，错误语法也用状态机进行描述。在产生错误的组件中，未处理的错误将通过指定的端口传播到能够处理错误的其他组件中。

（二）质量属性

交通信息物理系统的属性由功能性需求和非功能性需求共同决定，这些属性包括可靠性、可用性等。ISO/IEC 25010 标准对这些属性进行了分类，该标准旨在对一些常见术语进行定义，并基于实践经验给出一个可以客观量化的设计决策方法。

质量属性与权衡研究存在一定的关联性，因为不同的设计决策会产生不同的系统属性，需要根据目标对不同的架构设计方案进行比较，最终选取最佳方案。例如，方案 A 的可靠性为 0.97，关键动作的延迟为 12 s，方案 B 的可靠性为 0.99，相同动作的延迟为 20 s，架构设计时必须衡量可靠性提升与延迟降低哪个价值更大，当给出这些特定参考值时，决策过程就会变得相对容易。交通运输行业的工程师如果能提供输入信号的优先级顺序，那么交通信息物理系统架构设计时就能更容易得出一个可接受的方案。

ISO/IEC 25010 定义了两个质量模型：应用质量模型和产品质量模型。每个模型都定义了一些特征，每个特征也都给出了具体要求。我们将重点放在产品质量模型上，此模型适用于所有产品评估活动，包括系统架构的评估。ISO/IEC 25010 产品质量模型如图 3-3-2 所示。可靠性被定义为：组件、产品、系统在一定时间内、一定条件下无故障地执行指定功能的可能性或能力。对交通信息物理系统而言，容错性很重要，ISO/IEC 25010 标准将容错性定义为硬件或软件出现故障时，组件、产品或系统仍按预期运行的程度，使用这些标准化术语可以消除沟通和理解障碍。

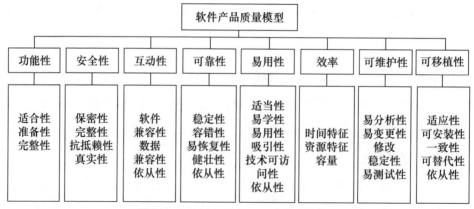

图 3-3-2　ISO/IEC 25010 产品质量模型

工程师参与系统的设计和评估时，必须在不同程度上对各项指标进行确认。在早期设计过程中，需要对八个特征建立优先级关系，对这些特征的限制可以作为系统的非功能性需求，这样每个特征都能得到评估和量化。为了提高某些属性，就需要对设计进行变更，如初始设计可能未充分考虑容错性，一种改进的方法是利用错误模型对可能发生的特定类型的错误进行设计，通过足够多的错误对系统进行检验，使得系统的可靠性达到预期水平。

（三）模拟／数字模型

系统工程师不必了解模拟到数字（或者数字到模拟）转换的所有细节，但是这是信息物理系统的基础，至少应理解一些基本概念。模拟量与数字量之间的分界线主要取决于系统设计，模数转换更接近于实际的物理过程。如大多数传感器本质上是将一种形式的能（如风能）转化成另一种形式的能（如电能）。对执行器来说，恰恰相反，其将数字信号转化成电信号，从而带动电机或其他设备运转。这通常需要更多的装置来处理感知数据，如汽车部件中的一个小装置，模拟信号需要被传递到部件外某个地方进行模数转换和数据处理。

模拟量和数字量表达都有缺点与优点。模拟信号是连续的，数字信号是离散的。这两种方式都有自身的不确定性，由于模拟信号是不断变化的，采样时间会影响数值。数字信号更加稳定，但由于其是离散的，某些值无法准确表示。硬件工程师可以协助系统工程师选择合适的硬件组成模块。

（四）框架

架构师开始新系统设计时，需对信息物理系统概念和架构有一定的了解，目前已经有几个信息物理系统的框架可以支撑系统架构的研究和设计。美国国家标准与技术研究院（NIST）提出的信息物理系统框架明确划分了系统中物理世界和信息世界的界限。NIST 概念框架如图 3-3-3 所示。可以看出，系统是嵌入在"系统之系统"（SoS）中的，"系统之系统"是由多个系统组成的系统，这些系统基本都是独立拥有、管理和运行的。如恒温控制器作为一个信息物理系统，需要和加热 / 冷却系统、照明系统、安保系统等进行交互，由于所有权的分离，某些系统可能会不受"系统之系统"的控制，如照明系统不受恒温控制器控制而出现变化，但是"系统之系统"的其他系统都需要适应这种变化并保持自身的健壮性。

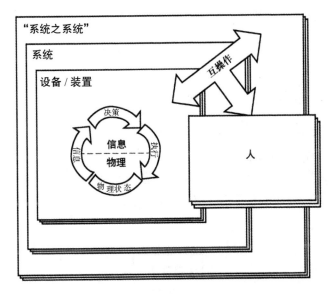

图 3-3-3　NIST 概念框架

大多数智能交通系统都是"系统之系统"，这种体系架构需要系统使用者之间进行更多的交互和协作。相关的正式标准和特定标准（如 NIST 概念框架）都在关注相关技术的发展，这些技术也正在快速演进。

NIST 概念框架提供了一个参考体系架构，如图 3-3-4 所示。

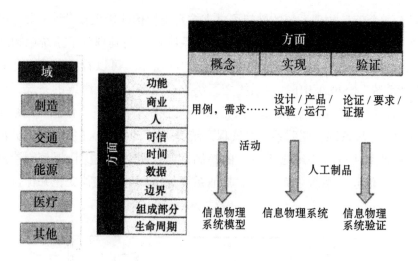

图 3-3-4　NIST 信息物理系统体系架构

三、典型信息物理系统体系架构

控制 / 反馈回路是许多信息物理系统使用的体系架构，这种体系架构的主要目标是对物理过程进行控制。

通常，受控过程是物理系统的一个组成部分，如喷气式发动机、自动驾驶车辆或者化学反应，常用的例子如室内的温控系统。图 3-3-5 展示了控制 / 反馈回路的四个主要组成部分。

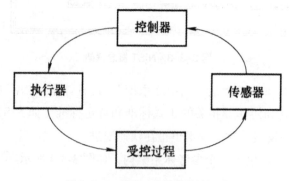

图 3-3-5　控制 / 反馈回路的组成

下面以家庭供暖系统为例对这四部分进行介绍。

（1）受控过程

受控过程包括加热和冷却两部分，这是一个物理过程，通过提供给加热或冷却装置的能量多少或燃料的数量进行控制。运行时，系统向房间里吹空气，随之房间内空气的温度逐渐变化，直到达到目标温度为止。当风机关闭时，系统将持续加热或冷却一段时间。系统停运时，由于建筑物内的空气循环，室内温度将从目标温度向环境温度调整，当室内温度与设定温度相差超过一定值时，系统将重新启动，依此重复这个循环过程。

（2）控制器

控制器通常是一个计算装置，从传感器获取数据，经过处理后再向执行器发出命令。通常，家用加热炉的控制器是通过手工打开开关来实现加热功能的，当不需要时可以关闭开关。当控制器由计算机控制时，可以设计一个复杂的控制器，该控制器根据系统所处的状态，经过分析自动向执行器发送命令，从而确定需要添加多少燃料。

（3）传感器

传感器测量系统或环境中的一些特征值。例如，在室内的温度传感器，本质上是一个温度计，根据空气温度产生一个对应的电流，通常这是根据热胀冷缩原理、由一个金属弹簧来实现的。数字传感器会将电流转换成离散值，再将此值提供给控制器进行决策。

（4）执行器

控制过程是由一个或多个执行器配合完成的，以室内供暖为例，通过变阻器增加或减少电路电流，或者伺服电机打开/关闭阀门来控制燃料的用量。在打开/关闭阀门的过程中会存在不同程度的延时，这取决于设备的机械性能。

这种体系架构会衍生出许多变体，主要的变化来自传感器的类型是模拟的、数字的，还是组合的。模拟传感器发出的信号需要将模拟量转换为数字量，从而将连续值转化为离散值，数字传感器的信号可以直接输入控制器中。

信息物理系统中一个重要的问题是系统中物理元素的不确定性。金属在恒温器中热胀冷缩的性能是不精确的，尤其是长时间重复使用后，性能更加难以准确预测，其他物理因素的改变也会导致系统的不确定性。传感器的读数必须用一个区间值表示而不是固定值，因为真实值有95%的概率是在区间内的。

灵敏度是系统的一个重要特征。它是指在控制器驱动执行器之前，允许与目标值存在的偏差。大偏差需要占用更多的时间进行调整，小偏差占用的时间则较少，但是小偏差会导致系统的频繁启停操作。前者会使室内温度较长时间偏离设定值，后者会使室内温度更接近设定值，但会造成系统频繁操作，从而导致开关回路损耗。

自适应巡航控制系统是使用控制／反馈回路的信息物理系统架构的一个典型例子，是一种协作式、自适应控制系统。

四、架构模型

呈现给交通运输行业人员的交通信息物理系统体系架构通常是参考架构或产品架构。其中，参考架构是针对一系列相关系统设计的，它有很多遗留问题或变更点，并等待在具体开发过程中解决，解决之后的输出结果就是产品架构。产品架构是针对某一特定系统的架构，没有设计遗留问题。

（一）体系架构

体系架构是由多个计算单元通过不同的机制（如消息或融合）集合而成的，不同连接方式形成的模式被称为架构模式，控制／反馈回路系统是信息物理系统的一种经典模式。在这种模式中，基本上 3/4 的元素都是硬件，软件只有一小部分，控制器一般都是软件。在 AADL 中，"系统"是软件，"设备"是部件，部件之间的连接通过连线实现，数据在连线上进行传输形成数据流。

要理解系统如何运行，就需要了解数据如何在系统中流动。交通信息物理系统都比较复杂，对项目进行追踪非常费力，在系统架构设计时对数据流进行分析会节省很多时间。AADL 提供了流的概念，流从源端（通常是端口）开始，通过连接到达另一个部件的端口，随后进入部件和其中的所有嵌套组件。

（二）标称和误差行为建模

架构定义了系统中数据流和控制流的路径，包括正常路径和异常路径。异常路径是指系统出错或异常运行时的处理过程。数据与路径有以下几种匹配关系：正确的数据通过正确的路径计算得到正确结果；错误数据通过错误的架构计算得到错误的结果；错误的数据可能通过正确的路径输出正确的结果，但是该结果与上下文不匹配；正确的数据可能通过错误的路径输出不适当或错误的结果。

第一种匹配关系显然是我们想要的情况，所有的设计和测试工作都是为了实现这一目标。第二和第四种匹配关系可能涉及架构问题，需要在设计阶段通过虚拟集成和设计测试技术进行检测。第三种匹配关系可能是执行过程中出现的一些运行问题产生的。

针对第三种匹配关系举一个例子。计算系统接触到物理世界时，可能会出现运行时间错误。当传感器停止工作时，其他系统还能正常工作，这些都是系统可能的输入，设计时应当加以考虑。AADL 定义了核心语言的一个附件，提供了一系列错误类型。架构师将这些错误类型与系统进行对照，确保所有可能发生的错误都能被正确处理。图 3-3-6 列出了这些错误类型的顶层结构。

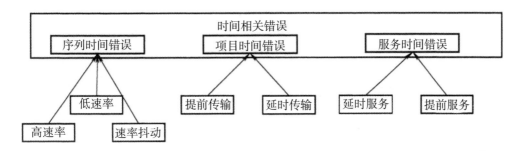

图 3-3-6　错误类型的顶层结构

AADL 为实时嵌入式系统定义了一个错误类型分类，并提供了一种语言来描述错误信息的传递过程。通过分类表，将一般错误按照类型和层次进行划分，并填充到表格中。六类基本错误类型包括：条目值错误、序列值错误、服务值错误、条目时间错误、序列时间错误、服务时间错误。体系结构对从错误层次结构中的一般概念到应用程序的映射进行描述。

错误模型语法可以指导架构师和系统设计人员处理可能发生的每一类重要错误，有些工具可以突出显示系统中的错误路径，这有助于系统工程师参与验证系统是否健壮。

（三）交通信息物理系统的结构分层

交通信息物理系统的结构分层包括物理层、接口层、信息层和应用层，每一层都有各自的主要功能，并且在实际工作中，各层并不是独立工作的，而是通过与其他层的相互协调与反馈控制完成的，这体现了交通信息物理系统中信息世界、人、车、路、环境的密切结合，如图 3-3-7 所示。

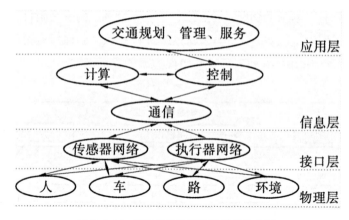

图 3-3-7 交通信息物理系统的结构分层

1. 物理层

道路交通系统物理层是一个由人、车、路及环境构成的动态系统，随时间不断变化。人、车、路、环境作为信息的采集对象，同样也是交通信息物理系统服务的对象。道路中行人的密集程度、道路的车密度、车速、车流量、道路突发事件及环境等是主要的信息数据；通过交通管理者发布的交通诱导信息，行人可通过道路两侧的站牌及交通信息查询软件了解道路的拥挤程度，以便选择合适的路线及车班次；驾驶员通过车载信息发布系统了解实时路况信息，以便选择合适的路线；交通管理者还可根据道路情况对交通信号灯做相应的改变来引导车辆行驶，避免长时间的交通拥堵。

2. 接口层

接口层由传感器网络及执行器网络构成，感知及控制物理世界中人、车、路、环境的变化是其主要属性。

（1）传感器网络

传感器网络主要包括射频识别技术、GPS 技术、手机定位、噪声检测器等，以及城市道路中的环形线圈、视频图像检测器、微波检测器等，结合了多种信息采集技术，主要对交通系统中的人、车、路、环境的信息进行采集。

（2）执行器网络

执行器网络由若干执行器单元和控制节点组成，控制节点负责接收控制中心发来的控制命令，并将接收到的控制命令发送给某个或某些具体的执行器单元执行，以便调整与控制物理系统的某些交通物理单元，实现对物理系统的反馈控制，达到改变物理世界的目的。

3. 信息层

交通信息物理系统深度融合通信、计算、控制技术，把通信放在与计算和控制同等的地位上，交通信息物理系统强调系统中的物理单元之间的协调是离不开通信的。

①通信网络连接信息世界与物理世界的各种对象，它是实现数据交换、支持协同感知和协同控制的实时网络，为系统提供实时网络服务，保证网络分组的实时传输。

②计算中心一方面负责存放从传感器网络发来的、能反映交通物理世界变化规律的历史数据，另一方面负责对海量数据进行处理，反映出道路的交通流量、车辆平均速度、车密度等交通特性。

③控制中心负责处理、分析计算中心传来的数据以及实现交通控制、发送诱导信息等。通过科学适宜的控制算法判断是否达到某些预先设定的控制条件，进而向执行器网络的控制节点发出相应的调整控制命令或在紧急情况下直接向用户发送警告信号，实现对物理世界的反馈控制。

4. 应用层

交通信息物理系统的应用层是整个系统的服务对象，包括交通规划、管理及服务，主要提供出发时刻信息、目的地信息、交通方式及路径信息、路网交通状态信息、车辆位置信息、停车场及停车位使用动态信息、交通设施的地理和动态管理信息、突发事故信息、交通换乘信息等。

五、新兴架构

（一）物联网

物联网是一种新型的架构模型，包含应用程序和传感器等。这首先需要对环境有准确的理解，环境包括两个因素，即环境状态、环境要素。也就是说，需要在特定时间知道特定属性的特定值，以完成特定的动作实现特定目标。每个应用程序需要分析哪些规则有助于做出正确决策，还需要分析哪些参数会导致系统动作，最终确定应用程序合适的域属性。

这种对域属性的需求意味着对域分析的依赖性增强。通过使用本体建模工具，可以建立起域的模型，还可以明确概念之间的关系。通过使用诸如"属于""例如"之类的标准关系，可以使用生成的域模型建立起结构良好的查询关系，解决特定域的查询问题，这些查询结果将导致执行操作。

实际的体系架构可以被看作一个网络，物体之间可以以任意方式连接，也可以与环境以任意方式交流。体系架构可以使用其他体系结构模式，如云架构可以被用来提供一个基础环境，用于编译处理传感器采集的数据。

（二）云计算架构

智能交通系统中大量的传感器会产生巨大量级的数据，任何智能交通系统的设计都必须考虑这些大量数据的采集、存储和分析处理，基于云的系统经常被用来解决这一问题。

云具备异地产生和存储数据的能力，这样可以让利益相关者根据权限获取相关数据，不受地域的物理隔离限制。目前，云计算系统还会考虑数据分析和处理能力。云计算系统适用于大量实时数据的收集存储，数据分析既可以用于实时的运行决策，也可以用于长周期的计划制定和模式识别。

基于云计算的系统仍然是一个相对较新的概念，其模型也在不断发展演进。图 3-3-8 列出了 NIST 云计算参考架构的基本要素。

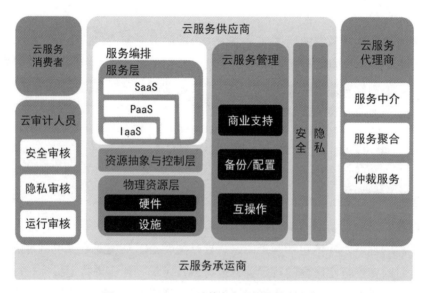

图 3-3-8　NIST 云计算参考架构的基本要素

NIST 云计算参考架构定义了 5 个参与角色：云服务消费者、云服务供应商、云服务承运商、云审计人员和云服务代理商，其中云服务供应商、云服务承运商、云审计人员与交通系统工程师的关系不大，重点关注云服务消费者和云服务代理商。

1. 云服务消费者

交通系统工程师与其他角色相互配合的关系如图 3-3-9 所示，其中交通系统工程师扮演云服务消费者的角色。智能交通系统中的信息物理系统通过传感器会产生大量的数据，以交通传感器数据为例，它既可以用于信号灯的实时决策，也可以用于交通模式的判断分析。

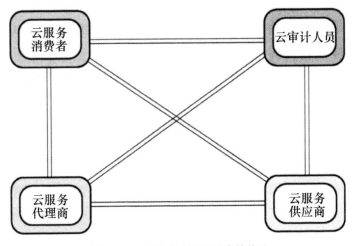

图 3-3-9　参与角色相互配合的关系

2. 云服务代理商

云服务代理商是云服务消费者和云服务供应商之间的中介，云服务代理商从多个云服务提供商处识别和绑定一系列的服务，并将这些服务提供给用户以满足用户的工作需求。云服务代理商根据用户需求设置相应的服务水平协议（如允许延时或其他限制条件）。

一些简单系统的云服务消费者可能会直接和云服务供应商合作。当云服务消费者没有专业技术能力时，云服务代理商就变得非常重要，需要与云服务消费者和云服务供应商进行对接。具体采用什么组织结构需要根据系统的复杂程度综合考虑。

新的服务需求会对系统提出新的要求，云基础设施也必须根据系统要求做出相应的调整和改进，云基础设施需要具备可伸缩和可修改能力。新服务所带来的新技术应当满足预期，并高度模块化，以便于快速更迭。

（三）智慧城市架构

大城市都面临着自然资源消耗、人类健康、交通拥堵、废物管理等一系列问题，并且这些问题已越来越严重，许多城市都在寻找一些更加聪明智慧的解决方案来解决这些问题。这些解决方案之间的共同点或基础就是信息物理系统。智慧城市通过万物互联，提升居民的生活质量，降低生活成本，最终为整个城市的发展带来好处。

智慧城市软件系统的设计难度很大，系统架构必须以人为中心，并统筹考虑多个方面，包括技术成熟度、人机系统交互情况、信息和网络安全等。

复杂系统的设计需要平衡各种要素，智慧城市系统的设计也面临着许多挑战，如人的安全和隐私问题是架构设计要解决的主要问题，信息和网络安全架构是支持解决这一问题的有效途径，其他的挑战包括可伸缩性、移动性、互操作性、可靠性和可用性等。例如，智能交通系统的目标是提升交通安全、缓解交通堵塞。但是，由于存在质量属性的差别，智能交通系统必须满足不同质量属性级别的要求才能有效地工作，但这很难实现。

亚洲、欧洲和北美洲国家的许多城市都在推广智慧城市架构项目。智慧城市系统架构严重依赖于分层的系统架构，这种分层的系统架构的优点之一就是分散关注点，减少复杂程度，并且通过模块化可以使多个不同应用程序之间共享和重用资源。图 3-3-10 展示了一个四层的系统架构，应用于我国某一智慧城市项目，因为它的分层是一种最基本的层次划分方式，以下分别对每个层次进行介绍。

1. 感知层

感知层负责识别目标，并通过各种传感器采集数据，这一层的核心是物联网，通过物联网组件，不同部件之间可以进行交互。感知层需要提供先进的基础设施以收集数据，从而保证数据具有较高的准确性。交通系统工程师对数据来源和数据类型进行了分类，并参与选择合适的传感器类型。

2. 传输层

传输层负责交换信息和传输数据，无线是接入的方式之一，而网络是传输的方式之一，交通系统工程师识别潜在的干扰源并开展设计以避免干扰。

3. 处理层

处理层对信息进行处理和控制，为应用层提供服务和其他功能。处理层具备的功能包括商业支持、网络管理、信息处理、安全控制等，交通系统工程师参与对产能利用率的评估。

4. 应用层

这是非常重要的一层，因为这一层面向用户，而用户的计算机使用水平参差不齐，应用层的性能会影响用户的服务体验。应用层对经济和社会发展都有很大的影响，其关键挑战是信息资源的广泛共享和信息安全，交通系统工程师可以通过获取/指定专门的应用程序，实现特定的目标，如减少等待时间。

系统体系架构指导具体系统的开发建设，将智慧城市各类应用进行集成，最终构建一个高效有用的环境来解决大城市发展面临的问题。架构师开展智慧城市架构设计时，可以基于分层结构选择某些层次复用，也可以在某一层次引入新的技术，而对其他层次不会产生不必要的影响和变动。智慧城市建设正在利用信息物理系统技术、大数据技术等，实现现代生活所需的自动化和便利化。

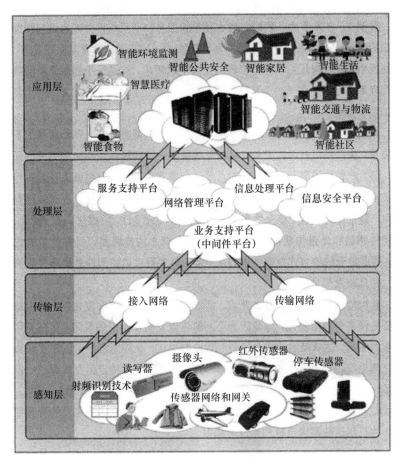

图 3-3-10　四层系统架构

六、未来展望

未来智能交通系统架构的发展趋势如下：系统架构中组件数量大大减少，微服务组件的应用使得系统更加模块化，可以用一个行为替代另一个行为，其代价是需要配置和部署更多的组件；另一个趋势是架构的分层设计，分层架构可以将不同的概念根据其具体表达进行分组，这意味着分层的概念在产品开发过程中也可以应用，相邻层组件之间的关系可以从抽象演变得更具体。

第四章　现代交通信息物理系统的数据安全与管理

本章主要讲述的是现代交通信息物理系统的数据安全与管理，分别介绍了交通信息物理系统数据安全的相关概念、交通信息物理系统的漏洞与安全模型、交通信息物理系统中的信息安全控制三个方面的内容。作者期望通过本章的讲解，能使读者对相关方面的知识有更深的理解。

第一节　交通信息物理系统数据安全的相关概念

交通信息物理系统具有生成、处理、交换大量相关安全信息以及敏感隐私信息的能力，这使其成为对网络犯罪分子有吸引力的攻击对象。交通信息物理系统使用各种软件和硬件，通过通信协议进行互联互通。交通信息物理系统将为关键基础设施、智能交通系统以及自动驾驶车辆提供支撑，并为构建智慧城市结构奠定基础。交通信息物理系统的主要目标是通过传感器采集人、车、路、环境的信息，通过计算技术、通信技术、控制技术的深度融合，将信息处理结果反馈到人、车、路、环境中，从而实现对交通系统的规划、管理，提升交通运行效率、安全性、可靠性、经济性以及交通系统的服务水平。

交通信息物理系统集成了大量不成熟的专有技术、不完善（或者缺失）的标准，以及一些几乎没有或者完全没有安全内置设计的组件。虽然目前的重点仍然是安全，但业界正逐渐认识到如果没有信息安全就无法确保企业安全，因此我们必须从一开始就把最佳的信息安全实践纳入交通信息物理系统项目。交通信息物理系统的复杂性、异构性和不成熟性易使其受到新型网络攻击，这类攻击可能导致重大物理和经济损失，甚至威胁到人的生命安全。由于交通信息物理系统的互联互通以及人类相互交织的依赖性，妥协的折中方案可能会对关键服务造成前所未有规模的破坏，给人类带来严重后果。

交通信息物理系统将成为国家基础设施的重要组成部分，其中暴露的风险将可能导致国家甚至全球问题。因此，基础设施需要设计得足够可靠和高效，以便快速、有效地进行检测并减轻损害，使得服务中断和损害最小化，且不会造成人员伤亡。

交通信息物理系统与许多领域重叠，并且引入了新的范式。然而，从企业、电信、工业等传统基础设施网络安全的最佳实践中，我们可以吸取一些重要的经验教训，忽视这些教训将是不明智的。

交通信息物理系统中出现的基本信息安全问题不一定是新问题。然而，技术的进步、低功耗组件（通常具有较弱的安全控制）的增加以及新的服务模型，使得采用多种方法保护数据、避免人员和基础设施面临新的威胁这件事变得非常重要。若新的漏洞继续暴露和被利用，将向敌人（从独立的黑客、有组织的犯罪，到国家资助的团体组织）提供对交通信息物理系统的吸引力，由此可以预期到更加复杂的威胁将持续浮出水面。

一、威胁

我们可以从高层次上考虑与其他许多领域显著重叠的威胁分类。图 4-1-1 提供了威胁种类的高等级分类，其中部分是基于欧盟网络和信息安全机构的分类。这些威胁种类中的大部分都适用于交通信息物理系统，尽管它们的难易程度、发生频率和实现会随着特定的交通运输域和系统部署而变化。

威胁的目标常被称为资产，并且资产价值越高，对敌人试图进行危害的吸引力就越大。需要注意的是，资产价值往往不等于货币价值。例如，在交通信息物理系统中，资产可能包括保存敏感信息的系统或者对任务或者安全至关重要的系统。任意威胁的范围都将取决于敌人是否计划破坏整个系统（如交通控制系统）或者具有针对性的实体（如电子控制的飞机或者网联汽车）。

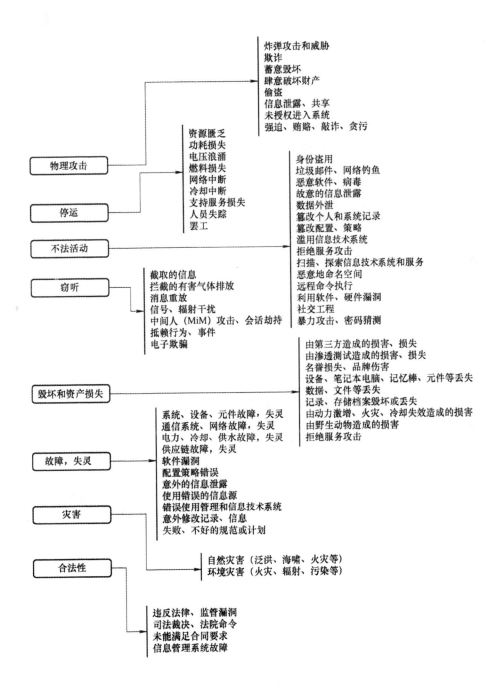

图 4-1-1 威胁种类的高等级分类

（一）敌人

在网络安全领域，敌人以多种形式存在，需要在评估风险、漏洞和威胁的范围时单独考虑它们。分析攻击者时需要考虑很多重要分类和属性。

①敌人的强大或者弱小（如单独行动者、计算机专家、有组织的犯罪团伙、政府资助的专业团队）。

②敌人的可用资源（如机器、恶意软件工具）。

③来自系统外部或者内部（如远程攻击或者安装的键盘记录器）。

④来自组织的外部或者内部（如内部威胁、社会工程）。

还需要考虑潜在敌人的可能动机。

①恶作剧或者恶意行为（如无聊、诋毁同行声誉）。

②具有敏感数据或者系统接入权限、对工作不满的员工（如空中交通管制员）。

③勒索软件（如以禁用关键服务为威胁获取经济补偿，常通过匿名账户使用数字货币）。

④吸引注意力（如当抢劫银行时会使交通系统瘫痪）。

这些宽泛的分类并不限于交通信息物理系统，在其他领域也能看到同样广泛的问题。然而，我们必须从交通信息物理系统的新视角进行考虑，以充分把握潜在威胁和风险的范围。如今网络犯罪的组织极为严密，敌人往往在妨碍安全控制和揭露新的微妙漏洞方面表现出卓越的创造力。对手包括所谓的"脚本小子"（互联网黑客）以及组织严密、素质高、拥有资金支持的团队。强大的对手还可能包括拥有计算机科学专业的学历、精通系统知识、能够访问复杂源代码库的人员或团体。

（二）机密性、完整性和可用性

在传统的信息技术安全实践中，机密性（Confidentiality）、完整性（Integrity）、可用性（Availability）等属性（即所谓的"CIA"组合）是用于指导安全资源实现的重要概念，如图 4-1-2（a）所示。这些属性代表了可视化和量化系统或者组织的安全状态的三个维度。然而，对于大多数实际场景，提供完美的安全性几乎是不可能的，并且很难在每个维度上都赋予同等的权重，因为这可能需要考虑如成本、风险、上市时间等一些实际的影响。图 4-1-2（b）介绍了"CIA"按照重要程度降序排列的用例，其适用于确定保护敏感数据所需的安全控制。

在信息安全领域，机密性通常占据中心位置，其次是可用性，而完整性在很大程度上会被持续地忽视。一定程度上，这可能是因为难以大规模实现有效的完整性安全控制，尽管近年来提出了替代性的方法，如区块链技术。

对于完整性关注度的缺失似乎有些意外，因为如果不能充分地理解系统的状态，就无法描述系统安全的效果。从更直接的角度讲，任何不能通过经验判断有效性的安全技术，都与盲目的碰运气无异。

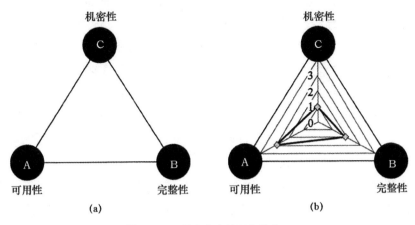

图 4-1-2　信息安全的三个维度

交通信息物理系统中，"CIA"组合能够在安全内容中提供有效指导。例如，为服务器端基础设施和数据中心分配安全控制。然而，在某些场景下，"CIA"有限的视角是非常不充分的，如实时的、安全敏感的、存在人工参与的系统。

二、风险

网络安全不单纯与密码学有关，它针对发生在特定环境中的不良行为进行风险评估，并部署适当的保护措施和对策（安全控制）以降低风险。评估网络安全风险与其说是科学，不如说是艺术。例如，在企业安全方面，可以使用一种被称为年度损失预期的方法来量化和管理风险，大致遵循的方法如下。

①识别资产并进行优先级排序。为了简化，可以对类似的资产进行分组。

②识别主要威胁和漏洞。为了简化，可以在适当的地方进行分组。

③评估资源价值遭到威胁的概率（使用依赖于领域专业知识或者行业数据集的概率），称其为单独损失预期。单独损失预期的计算公式为：资产价值 × 暴露因子。其中暴露因子是如果威胁实现将对特定资源造成损失的百分比。

④估计单独损失预期每年的发生率，以确定每一类威胁每年发生的可能性。

使用年度损失预期模型（或者类似的模型），并且通过了解准备容忍的风险水平（风险偏好），可以预估（或者理想化地证明）应当在安全控制上投入多少资源，以保护资产和减轻特定的威胁。理想情况下，这个过程应该是不断迭代和不断更新的。然而，在实践中，这种做法通常是资源密集型的，可能会定期进行评估（与预算周期一致），并在应对新的重大威胁时进行战术性的应对。

年度损失预期以资产为中心，并存在许多缺陷。尽管如此，它仍然是当前企业风险分析中用于调整风险和预算最广泛采用的方法。也许最严重的缺陷在于对风险本身的计算，以及人们可能会在产生带有数值输出的指标时，存在不足的信心。例如，一个产生 87.19% 风险评估的模型听起来是具有令人信服的准确程度的。事实上，网络安全中的精确风险预测是极度具有挑战性的。随着新的漏洞和威胁的出现，以及作为潜在目标的组织吸引力的变化，组织的风险状况也很可能发生变化。尽管会有进步，但被证明在真实世界的网络系统中，描述威胁与漏洞的可能性和真正的范围是极难的，因为系统往往是高度复杂、广泛分布的，包括多个接入点和信任边界，涉及人机交互并且核心系统和服务也在不断进行更新、修补和重新配置。因此，在过去的 20 年中，由于预防性的控制没有达到预期，监控和违规检测方面发生了重大转变。

与传统的安全领域相比，交通信息物理系统的风险分析可能更加具有挑战性，因为人们要在密切的人机交互和依赖关系基础上考虑实时的关键安全问题。年度损失预期可能被证明对于分析后端基础设施和支撑服务的资产风险是有效的，然而考虑到交通信息物理系统的复杂性和异构性，这样的模型似乎并不适用于安全敏感的系统。人们必须考虑采用不同的方法，即便是建立在一些先前最佳实践和方法的基础之上。例如，在交通信息物理系统中，人们应该探索使用攻击树来描述威胁和漏洞，从而基于不同抽象级别考虑风险。可能还将纳入一些失效模式与影响分析，这是来自可靠性工程、获得认可的分析方法。在风险分析过程中，将相关的失效模式与影响分析建议纳入风险计算中是非常可取的做法，如为了容错而包含冗余组件，能够降低风险。

三、攻击树

攻击树是用于表示攻击过程的。它使用树的结构来模拟攻击的方法和攻击实例。树的根结点表示最终的入侵目标，叶结点则表示在不同环境中具体攻击事件的实例。结点的咨询的关系可能是"与""或"两种关系之一，结点序号的先后表示攻击顺序。目前攻击树以各种形式存在，一般是通过检测企业网络安全信息，并将这些信息精炼出来，再使用攻击树加以详细讲明。所使用的方法确实是将攻击者能够引起系统安全咨询的方法描述为树的结点。如此，通过对整个企业网络安全事件进行细致的实例化，通常会得到一棵确定的攻击树或由多棵攻击树组成的攻击森林。而且森林中每棵树的根结点能够描述成妨碍网络运行的一次安全事件，每条穿过一棵攻击树的路径代表一次对网络系统的具体攻击过程。

要创建攻击树，通常要先确定所有可能的目标并创建单独的树（这些树可能共享叶结点，或者一些目标可能形成较大目标的子目标）。为复杂系统构建攻击树是一个耗时的过程，需较高水平的专业领域知识。图 4-1-3 显示了一个高度简化的攻击树示例，目标位于顶部，动作和子目标位于叶结点中。在本示例中，攻击者希望在交通信息物理系统上安装恶意软件，如运行关键固件的组件。攻击者需要绕过代码库交付机制（如使用拦截），利用预安装的代码（如利用漏洞）或在上游代码库中安装恶意代码（如强迫一个可信的内部人员）。需要注意的是，在树的每一层中，只要有多个选项，就有逻辑的 AND/OR 路径。

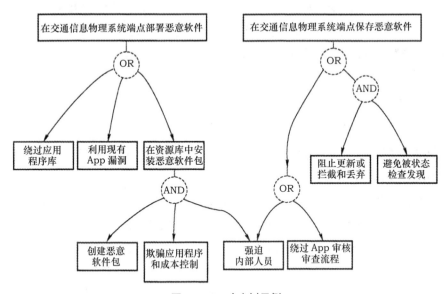

图 4-1-3 攻击树示例

在真实世界的软件供应链中，涉及的组件组合和交付过程非常复杂，有来自不同供应商的数以千计的集成组件，并存在将恶意元素引入代码的诸多路径。在攻击树的底部（最底层的叶），需要进行广泛和细化的威胁分析并确保没有任何遗漏。大量的技术可以应用，如 STRIDE 分类方案可能是一个有效的起点。

STRIDE 用于根据攻击者使用的开发类型或者动机来描述已知的威胁。STRIDE 这一缩略词来自以下类别：欺骗身份（Spoofing Identity）、篡改数据（Tampering with Data）、否认（Repudiation）、信息披露（Information Disclosure）、拒绝服务（Denial of Service，DoS）、提升特权（Elevation of Privilege）。

一旦攻击树完成，就可以为每个叶结点分配取值。根据使用的方法，这些值可以是任意的。例如，可以分配布尔型的值，或者分配连续型或枚举型的值，如 impossible（I）> possible（P）或者一些特定的货币值。例如，对于一个 OR 结点，如果它的任意子结点都是 possible，那么它的值是 possible，而如果所有子结点都是 impossible，它的值则是 impossible，而对于一个 AND 结点，如果所有子结点都是 possible，那么它的值是 possible，反之则是 impossible。一旦被分配，就能够对这些结点进行计算或者估算目标的安全性，然后分析是否可以引入各种安全控制，将某些攻击降到可接受的水平。

攻击树可以揭示令人惊讶的情况，通常如果分析揭示了一种更简单、更直接的（通常是不成熟的）方法来危害系统，那么最初出现的主要漏洞往往就不那么重要了。这种分析的形式同样需要经历连续迭代的过程，因为威胁和漏洞会随时间而变化。令人欣慰的是，研究项目在积极探索威胁和漏洞分析的自动化，如使用人工智能为关键基础设施和交通运输系统自动生成攻击树。

四、杀伤链

杀伤链这个概念源自军事领域，它是一个描述攻击环节"发现—定位—跟踪—瞄准—打击—达成目标"的六阶段模型，该模型也可以用来反制此类攻击（即反杀伤链）。杀伤链共有。

在越早的杀伤链环节阻止攻击，防护效果就越好。例如，攻击者取得的信息越少，这些信息被第三人利用发起进攻的可能性就会越低。

洛克希德·马丁（Lockheed Martin）公司在网络安全方面采用了被称为网络杀伤链的模型，明确了杀伤链的七个主要阶段。表 4-1-1 给出了明确的关键步骤。

表 4-1-1 网络杀伤链模型的关键步骤

步骤	标题	描述
1	识别	调查和整理地址、不安全端口等
2	武器化	封装、恶意软件包编码

步骤	标题	描述
3	交付	向受害者交付武器包（如电子邮件的恶意附件）
4	开发	利用漏洞攻击远程资产
5	安装	在目标资产上安装恶意软件
6	指令和控制	用于远程操作目标的命令通道
7	针对目标的行动	对手使用指令并控制实现其目标

虽然杀伤链可能并不适用于所有的场景，但这项技术已经被成功应用于计算机网络上的入侵模型，并在信息安全用户中获得了一些应用。网络杀伤链模型提供了另一种替代方法，这种方法可能对交通信息物理系统的威胁和示例建模很有用，值得进一步研究。

五、信息安全控制

一旦确定了主要的威胁和漏洞以及相应的风险，就可以开始执行管理风险的任务。因此，我们通过引入一系列信息安全控制来减轻威胁以及相关的暴露。在企业网络中有成熟的安全控制工具包，在某些情况下，风险甚至可以转移（如使用保险单）。信息安全控制作为保障措施和应对策略，能够进行预测、检测、避免、减轻和最小化风险，并且可以采取不同的形式，包括物理、程序、技术以及法律法规等。例如，在信息安全领域，控制被广泛应用于保护"CIA"三位一体的信息。信息安全控制可分为以下几大类。

（1）预测控制

预测控制包括趋势分析、机器学习、历史数据统计、早期预警系统。

（2）预防性控制

预防性控制包括访问控制、防火墙、反病毒软件、入侵预防系统、防御性编码、安全策略和流程。

（3）检测控制

检测控制包括入侵检测系统、安全信息和事件管理系统。

（4）纠正控制

纠正控制即纠正或限制事件后损坏产生的影响（如灾难恢复、回退过程、事件响应过程）。

基于技术的控制（如防火墙、入侵检测系统、反病毒软件）通常被大量用于监控，如生成计数器、事件日志、统计报告、异常报告和"流"记录。这类检测在体系结构良好的安全解决方案中，可用于通知其他的安全控制。例如，安全信息和事件管理系统可能与来自整个网络的其他安全设备或服务关联，以生成高等级的警报、趋势图、资产状态和检查报告。高度集成和工具化良好的安全架构应提高态势感知能力，使安全操作人员可视化地看到关键资产的实时状态，并使用工具和流程及早识别异常状况并快速从事件中恢复。

原则上这些控制适用于交通信息物理系统。然而，必须考虑到信息物理系统之间的重要差异。企业网络依赖成熟的技术和标准，并使用相对一致和易于理解的设计模式进行部署。但是，交通信息物理系统包含了大量尚未成熟的新组件，这些新组件的集成涉及多样性的部署环境、各类技术规范和处理环境、模拟组件和数字组件的混合、严格的定时和安全要求等。这种异构、复杂和成熟的标准的缺乏，是设计安全、可靠和高性能的交通信息物理系统基础设施面临的主要挑战。

智能交通中安全敏感的控制系统，如航空电子、铁路系统，这些系统架构中包括了大量的实时组件，要求在严格时间容限内保证功能正常运行。例如，"CIA"组合强调了机密性、可用性、完整性，而在交通信息物理系统中，安全通常是主要考虑的问题，因此必须考虑性能、隐私方面的限制，以及组件成本、维护便捷性、上市实际等现实条件。尽管最重要的可能是将系统故障导致的风险最小化，但考虑到商业部署的实际情况，结合有限的预算，就意味着安全变成了多维度的权衡折中。"CIA"组合应用于交通信息物理系统如图 4-1-4 所示。

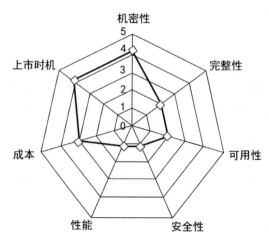

图 4-1-4　"CIA"组合应用于交通信息物理系统

在实际部署中，安全性部署往往是一个折中方案。然而，交通信息物理系统要求非常细致地考虑对安全性与间接安全性投入何种重视程度，以及在存在很多未知和变数的情况下如何理性地预测风险。这需要进行深刻的思考并通过严谨的方法进行设计、测试和验证，也许还需要使用新的方法，如通过仪器的闭环反馈、集成探索和控制等实现入侵容忍。

第二节　交通信息物理系统的漏洞与安全模型

考虑到交通信息物理系统基础设施的广范围和多样性，与广泛的攻击面相关的潜在威胁和漏洞也有很多。

一、交通信息物理系统的漏洞

（一）攻击面

从范围上考虑系统的广度和复杂性，交通信息物理系统提供了广泛、多样性的攻击面：从交通控制系统和后端分析系统到智能车辆（包括网联车辆、全自动的列车和汽车）。这种广度和复杂性，对无线通信的高度依赖，模拟和数字的混合，通常较差的物理安全性，以及高等级人机交互和依赖性，都意味着大量攻击面都不可避免地暴露在不同的抽象层中。

①操作交通信息物理系统控制系统的人可能会受到社会攻击，如网络钓鱼和社会工程等攻击。内部威胁和欺诈也可能发生。

②电子产品可能会受到物理攻击，包括侵入性的硬件攻击、侧通道攻击等。

③软件可能会受到恶意代码的攻击，如蠕虫、病毒和运行环境攻击，这些攻击反过来可能会导致隐私被侵犯和远程控制攻击。

④通信协议可能会受到协议攻击，包括中间人攻击、拒绝服务攻击和欺骗。

⑤模拟系统可能会受到影响或者欺骗，从而绕过数据安全控制（如接入控制和密码安全保障），泄露的敏感信息可能被记录和分析。

交通信息物理系统的抽象攻击示意图如图 4-2-1 所示。

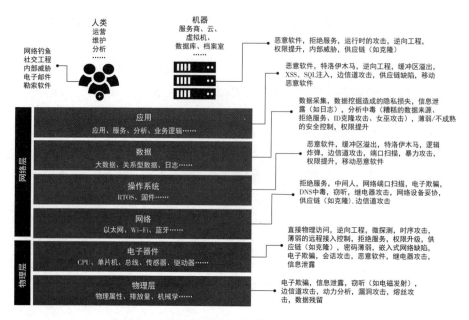

图 4-2-1　交通信息物理系统的抽象攻击示意图

（二）威胁的场景

为了了解交通信息物理系统中潜在威胁范围的广度及其与传统网络的不同，以及由此带来的特殊挑战，有必要考虑以下几个示例。

①在交通监控系统中禁用摄像头和 / 或控制交通控制系统。

②破坏车辆的控制器区域网络以影响安全敏感的系统，如提供错误的读数或者激活制动系统。

③关闭前照灯或者制动灯，关闭发动机或者迫使车辆偏离道路。

④中断或者改变传感器的遥感，操纵上游的分析和决策控制系统。

⑤阻塞车辆之间的通信。

⑥破坏车辆的音频传感器，窃听私人谈话。

⑦迫使携带敏感情报的无人机落入敌人之手。

⑧将恶意配置数据和恶意软件引入飞机系统。

⑨通过影响船舶的位置感知，将其移动到易受攻击的位置。

⑩欺骗物理系统上的模拟信号，绕过密码控制。

信息物理系统的独特性，尤其是交通信息物理系统的出现意味着人们将看到前所未有的新威胁。撒克（Thacker）等分析了交通信息物理系统的安全威胁及其后果，说明了信息物理系统技术与传统信息技术安全的区别，以及对信息物理部署更为合适的动态安全机制。

（三）对传感器和 Wi-Fi 的依赖

由数字和模拟组件混合构成的传感器网络对网络安全提出了一些独特的挑战。在未来的 10 年，人们可能会看到交通信息物理系统中传感器和无线连接的大幅增加。这是由不同的方面驱动的，如功能的增强、自动化的提升、维护的改进、操作效率的提升以及成本的降低等。要了解这些系统的复杂性，需要考虑如下两方面。

第一，当前的汽车平均搭载了 60～100 个传感器，使得汽车越来越智能。现在的半自动驾驶系统采用的是多种雷达和摄像系统。自动驾驶车辆需要复杂的集成，需要复杂的算法在强大的处理器上运行，这些处理器用于在大量实时数据流中做出关键决策，这些数据由多样和复杂的传感器阵列产生。全自动驾驶需要多个冗余的传感器系统，全自动驾驶分类等级如表 4-2-1 所示。

表 4-2-1 全自动驾驶分类等级

等级	描述
0	仅有驾驶员：驾驶员独立控制所有功能（如制动、转向等）
1	驾驶辅助：辅助系统在一些车辆操作中对驾驶员提供帮助（如自动巡航控制、防抱死制动等）
2	部分自动驾驶：至少有一个系统是完全自动化的，然而驾驶员必须随时监视系统（如巡航控制和车道保持）
3	有条件自动驾驶：操作者监视系统并在需要时进行干预，在某些情况下，安全关键功能被授权给车辆
4	高度自动驾驶：车辆具备可运行的所有安全关键功能，并在全部的行驶过程中监控道路状况，无须人类驾驶员的干预。有些驾驶场景可能不在车辆的操作范围内，可能需要人工接管
5	完全自动驾驶：全部行驶过程无须人工接管

第二，现代商用飞机上可能装配有数以千计的传感器，每天会产生 TB 级的数据。虽然大多数飞机的发动机只有不到 250 个传感器，但这种情况正在迅速发生变化，如普拉特·惠特尼（Pratt Whitney）的齿轮传动涡轮风扇发送机大约有 5000 个传感器，每秒可产生多达 10 GB 的数据。空客 A380-1000 的每个机翼上安装有 10 000 个传感器，机身总共有 250 000 个传感器。在航空领域，无线传感器的使用成为重要的转变方向，至少最初是用于非安全敏感的系统。无线传感器具有显著降低飞机重量和成本的可能性。

随着传感器部署的增加，传感器自身也通过增强的软件，使得计算和连接变得越来越智能。对低成本无线传感器的日益依赖，将不可避免地导致更多的威胁和漏洞，尤其是对安全敏感的系统。

近年来的研究已经解释了嵌入式系统的多种安全漏洞，并在实现高性价比安全嵌入式系统方面存在特殊的挑战。

（四）构建基础设施的挑战

交通信息物理系统本质上是复杂的、异构的，标准和实践还不成熟，采用低成本组件可能会提供很少的资源用于部署传统的安全控制。以下是一些构建安全交通信息物理系统基础设施的更广泛的挑战。

①系统通常是复杂的、异构的，并且包含一些物理的、柔性的以及来自许多不同供应商的数字和模拟组件。这代表了一个很大的攻击面，而且可能没有有效的知识、训练和技能来设计与操作有效的安全解决方案。

②交通信息物理系统中使用的重要技术并不是公开或者经过同行评审的，这极大地限制了对系统弱点的分析，并为潜在弱点和模糊安全特性的反向工程提供了机会。

③当试图实现安全控制时，实时约束是极具挑战性的，可能需要有专门构建的操作系统和重构的安全技术。

④在争夺安装基础和市场份额的过程中，制造商和研发人员始终低估了安全风险和漏洞。

⑤只注重系统安全而不充分注意信息安全，这有可能严重损害系统安全本身。

⑥现有的安全和隐私模型，对于资源有限的基于传感器和微处理器的设备来说，可能是不足的，甚至是不切实际的。

⑦传统基于边界的信息安全方法在某些交通信息物理系统环境中可能完全不合适，特别是在可以直接对系统进行物理访问的情况下。

⑧特殊的部署和维护流程以及系统的不成熟性，将会暴露出新的漏洞。

⑨机器学习技术的进步可能有助于交通信息物理系统的安全自动化，但缺乏训练数据可能会阻碍其有效性。

交通信息物理系统目前在信息安全方面面临的挑战，包括处理复杂性方面的知识的欠缺，测试和验证技术不够成熟，满足实时性、可靠性和安全性要求的机制欠缺，风险意识差以及缺乏相关的性能指标。

资源受限使智能攻击行为的认识难度提升。在实际攻击场景中，攻击者的资源约束是影响攻击最终效果的重要因素。而随着攻击技术的不断发展，智能攻击者针对特定系统性能设计智能化攻击策略，更加具有隐蔽性，也具有更高的破坏力。攻击者的攻击策略表现为常量形式或者完全随机形式，智能化攻击策略设计更加复杂，认识难度更高，对系统性能的破坏也更严重。

可以说，目前保护交通信息物理系统的最大挑战之一是计算资源的可用性，尤其是在嵌入式系统中，高密度、普遍性和低成本对确保交通信息物理系统方案的成功至关重要，因为它们涉及诸如物联网和可穿戴技术等宽泛的领域。然而，考虑信息安全这种缩小规模的能力是有代价的，子系统缺乏支持实际安全控制的车载能力（即处理、存储等能力欠缺）。当低端嵌入式组件与关键的任务和安全系统交互时，这个问题尤为严重。

资源限制意味着我们通常在传统网络系统中实现的安全级别可能并不总是可行的。按照摩尔定律和规模效益分析，越发复杂和强大的低成本组件将以更低的成本被引入。然而，当前这对安全设计者来说是一个重大的挑战。我们可以弱化安保态势（通过隐形安全——这在很多情况下是不可接受的），或者发明一些新的轻量级安全控制，加强全系统的智能化以应对这方面的不足（如通过将实时遥测技术与已知操作状态"正常"的多个子系统和组件关联）。

例如，考虑传输层安全（Transport Layer Security，TLS），这实际上是保护传统网络基础设施信道，保护从在线购物到军事信息的所有内容。TLS 在互联互通的系统之间通过公钥基础设施进行信息加密，从而收发提供隐私。TLS 使用成熟的、经过充分测试的库进行广泛部署，并得到大型、活跃的开源社区支持。然而，在信息物理世界，在低端系统和组件上部署 TLS 是不可行的。例如，很多小型低功耗微控制器没有足够的资源去支持复杂的协议。

典型的 TLS 部署假定通信信道满足大带宽和低延时特性。例如，公钥基础设施证书超过 1KB 的长度，需要两次往返才能建立安全通道。TLS 同样需要足够的处理能力以解决加密函数计算开销较大的问题。交通信息物理系统中使用的很多子系统和组件的宽带通信都有低功耗限制，内存和计算资源也受到严格限制。与其他任何技术范式的转变一样，这在一开始就存在相当大的积极性和不确定性。需要认识到，如今正处于交付始终安全、可信、高可用性的交通信息物理系统基础设施这一漫长过程的开端。随着时间的推移，人们的思想和最佳实践将逐渐成熟，这些新领域因破坏和损害所带来的不可避免的后果将更加尖锐。

二、交通信息物理系统的安全模型

尽管可以从企业安全的最佳实践中得到重要的经验教训，但确保交通信息物理系统基础设施的安全和隐私需要从不同的角度来考虑。在交通信息物理系统中，不能实时检测（理想状况下是防止）入侵和损害可能导致的严重后果，潜在地会导致生命损失。

①交通信息物理世界以设备为中心，通常是无边界的，这与企业具有显著差异。

②必须定义新的协议和安全标准，以支持低功耗设备、新的嵌入式安全控制以及智能交通系统的最佳实践。

③可能需要新的方法处理数据管理和隐私问题，如敏感数据可能会通过汽车实现国界跨越。

④传统以资产和成本为中心的风险模型可能不适用于多数交通信息物理环境，特别是在需要安全和实时响应的情况下。

⑤复杂的异构、低延时环境意味着新的漏洞不可避免。解决方案可能需要具备入侵容忍度、快速缓解和自愈能力。

⑥交通信息物理系统的异构性本质意味着关键利益相关者（如制造、政府、监管机构和用户）之间可能需要更多的合作。

设想如果一辆网联车辆遭到入侵，攻击者接入了关键控制系统，控制了车辆的转向、加速、制动，则他们可有效地将汽车变成远程武器系统。交通信息物理系统为信息安全分析师提供了新的、发人深省的场景以及一套全新的约束条件。

（一）隐私

隐私是针对保护敏感信息和个人身份信息免受直接暴露或者经推断而暴露所需要的特殊考虑。隐私主要关注以下问题。

①应该收集哪些信息？

②这些信息将与谁共享？

③允许的用途是什么？

④信息应该保留多久？

⑤访问控制模型的粒度等级是什么？

⑥如何撤销使用此信息的权限？

交通信息物理系统在隐私方面有一些令人感兴趣的挑战。例如，交通信息物理系统中可能部署了大量传感器，这些传感器通常很小，很大程度上是隐藏的，并且共同生成大量的数据点。从隐私的角度来说，传感器的隐蔽性和遍布性是一个非常令人担忧的问题，如车内的人可能不知不觉地被部署的传感器记录了谈话和互动内容。这些系统往往实时进行远程通信，并传输各种各样的信息，包括地理空间、时间数据信息。如果潜在地对敏感数据进行整理，那么对于个人来说，可能难以在特定的时间和地点进行特定的对话。因此，交通信息物理系统中一些隐私方面的挑战包括以下几点。

①是否所有这些数据都应该（甚至能够）被加密？

②数据是否可以被拦截和修改，如果可以，有什么控制措施来检测这些事件？

③数据是否可以被重构或分析，以揭示更敏感的个人信息（如使用大数据推理）？

④设备是否可以被远程入侵和恶意使用（如窃听或泄漏敏感信息）？

⑤遵守了哪些法规和保障措施，尤其是在交通信息物理系统端点经常移动的情况下（如车辆跨越国界）。

个人身份信息的收集和推断随着智能交通系统中互联的传感器和系统数量而不断增加，交通信息物理系统中的组件可以（合法或者不合法地）用于直接收集敏感的"堆"。例如，在网联车辆中，需要收集诸如地理位置、车辆中乘客数、驾驶员信息（通过身份识别或者推断）、平均速度和最高速度之类的数据。如果不知道整理这些信息，那么可能在如何处理和传递信息方面出现明显的风险。这种风险并不新鲜，移动互联网和电子商务也有类似的问题，如此丰富的数据点可以相互关联（如使用大数据分析技术），从而挖掘出购物习惯、经常访问的地点、行为习惯和变化趋势等。交通信息物理系统的不同之处在于，可以有更多的数据点，而这些数据点可能潜在地对行为进行深度挖掘，从而允许相关方可以在不直接收集数据的情况下推断出敏感的个人信息。企业可能会利用这些个人数据来进行信用、保险、健康甚至是雇佣关系的相关决策。后端系统中任何个人身份信息数据的聚合都需要进行充分的管理，以确保在破坏事件中不被泄露。

例如，保险公司可能希望收集驾驶员驾驶习惯方面的数据，如紧急制动情况、行驶里程、加速踏板使用情况和驾驶时间等方面的数据。这些数据可能会被处理，任何用于设定保险费的因素都会被揭示出来，这可能有利于更安全的驾驶员，而且从行业的角度而言，也可能会导致全新的产品和服务的引入（如动态保险模型）。然而，这些信息潜在地对其他驾驶员而言是非常有害的。例如，数据可能被用于增加保费或者做出未来的续费，一些驾驶员可能发现很难获得全额赔偿，这基于驾驶习惯而不是事故记录。在某种程度上，这种情况已经发生了，尽管很大程度上是自愿的。而令人担忧的是，未来的智能汽车将自动地记录这些数据（尽管是出于其他目的）。

移动收集数据的问题。交通信息物理系统中有一个有趣的情况，就是在不同的司法管辖区，关于用户敏感信息的收集可能受不同法律的约束，但很多交通信息物理系统实体（如汽车、列车、船舶、飞机等）都是移动的。例如，在一个国家收集和发送某些个人身份信息数据是合法的，但当驾驶员跨越国界后，法规和监管制度可能完全不同。因此，部署广泛的控制以确保广泛的接受度至关重要。而且，在某些情况下需要征得用户对特定个人身份信息的同意。

潜在的破坏。实际上，所有连接的系统都容易受到攻击、遭到破坏，在交通信息物理系统中，应该设计至少可以容忍一定程度破坏的系统，完全消除破坏的代价可能是极高的。例如，车辆中的终端漏洞和无线协议中的漏洞可以使技术娴熟的敌人直接仿真麦克风或者视频源，而如果没有监控或者警报系统，驾驶员将完全不知道它们被记录了下来。

收集数据的管理和监管问题。用户还必须从隐私的角度考虑数据存储在何处，数据是否与使用分析关联（并可能丰富），又该如何管理数据，特别是在当前面临数据泄露高风险的情况下。一般来说，在没有获得驾驶员同意的情况下，数据不应被收集或者处理，在某些司法管辖区，这种行为将违反法律。如于2018年5月生效的《通用数据保护条例》，这些法规将适用于交通信息物理系统的安全实现，包括对错误处理这类数据的严重处罚。未来，人们很可能会在这方面看到更多的法规。

（二）态势感知

在信息安全背景下，态势感知本质上是一种能够在已知的可接受状态集合中，可视化和量化系统总体健康状态的能力。换句话说，这种能力用于验证系统能够被正确地配置，并且在可接受范围内操作。态势感知是通过检测系统实现的，并且应用一系列的启发式算法来确定系统随时间变化的状态，这些方法来自信息、软件、组件供应链。用户需要了解所有子系统的活动状态和可信度，并对生成信息的及时性和可靠性进行定性度量，特别是在定期更新的复杂系统中。从信息安全的角度，用户需要了解以下内容。

①系统是否处于已知的可接受状态。

②系统是否如预期的那样运行，或表现出异常行为。

③是否有迹象表明该系统可能已被破坏或泄露。

④信息或遥测是否被拦截、泄露、丢失或延迟。

⑤是否能够确定"正常行为"的基线，这个基线是否会随着时间而改变。

⑥能否使用当前的行为和仪表来预测未来的故障或额外的资源需求。

交通信息物理系统中的态势感知可以而且应该适用于多个抽象层次。例如，智能交通控制系统可以感知城市交通网络的状态；自动驾驶车辆应完全掌握其所有车载系统的状态；商用飞机应感知其所有机载传感器和安全监管系统的健康状况。对于供应链中具有完全可审核系统的关键组件，以及后续的每次替换或者版本升级，其状态、行为、来源需要进行全面检查，达到软件、固件、硬件级别。

在交通信息物理系统中，可以通过传统技术与新技术混合的方式实现态势感知，尽管这里主要的挑战是传感器部署的规模和复杂度以及实时安全的约束条件。为了确保传感器及来自传感器的遥测数据的完整性，需要定期验证状态并通过行为推断状态（假定存在一些冗余和"正常"状态的概况）。在底层嵌入式系统上部署传统的安全控制（如加密通信）可能不切实际（或者成本过高）。当部署了数以千计的实时传感器时，可能就无法对每个传感器进行轮询。这时可能需要依赖更加有效的探索和广播技术来评估状态与可信度；还可以分析事件日志，周期性地检查这些系统的状态并寻找趋势。

（三）信息安全架构

在为交通信息物理系统和服务设计新的信息安全架构时，不能将现有信息安全模型和实践简单地转移到交通信息物理系统上，必须从不同的角度考虑到一些挑战，包括以下几方面。

①在领域级别（如智能交通系统、空中交通管制、高速智能铁路）识别和减轻特定交通信息物理系统威胁。

②改进和开发在交通信息物理系统环境中切实可行的新的安全标准、法规和协议。

③对故障、噪声和入侵具备容忍度（特别是对于实时安全关键系统），而不损害总体安全性和完整性。

④在低功耗嵌入式环境中转移或适应最佳实践安全控制的能力。

⑤如何保护、侦测、管理隐私不被侵犯和敏感资料不外泄。

⑥传感器状态的完整性和端到端遥测数据的来源。

⑦数据的可移植性问题（如跨境立法问题）。

⑧保护物理环境、传感器和上游控制系统之间的接口和信任边界。

⑨改进交通信息物理系统安全环境中的规范验证、仿真建模和测试。

交通信息物理系统需要一个安全框架将控制和信息结合起来，以处理特定的约束和威胁，处理敏感的信息、隐私问题，遥测来源、设备状态和进行身份识别，以及审核和监管经典的信息安全系统。在交通信息物理系统全连接的世界中，人们刚开始看到问题的规模，设备制造商需要在设计和交付产品时发挥更积极的作用，并设计内置安全性。

（四）测试和验证

众所周知，高度复杂的系统往往难以进行测试和验证，特别是在缺乏一致性和透明度的情况下。传统上，交通信息物理系统团体关注于运用有说服力但通常不完整的方法来验证操作的正确性，其准确性很大程度上依赖于抽象建模的质量。在工业上基于模型的开发设计，测试与验证过程面临的主要挑战是交通信息物理系统的规模和复杂性，以及这些模型可能不容易与广泛使用的形式化分析和建模工具集成。交通信息物理系统的物理方面使得验证更加具有挑战性，因为现有的验证方式通常是不可转移的。

无法正常验证信息系统的安全挑战很常见。然而，这种具有复杂性和异构性的结果意味着要证明安全性的效果是有许多困难的。由于标准软件系统的验证问题是不可判定的，因此可以合理地假设交通信息物理系统的验证问题也是不可证明的。相关学者提出了一个基于组件的可编程多码攻击系统，可用于测试信息物理安全的威胁并防御（尽管没有实时解决方案）。

（五）安全控制

当今，信息物理安全研究仍然高度依赖于现有的互联网信息安全策略和实践，如密钥管理和完整性验证。虽然可以重用一些现有安全模型中的概念，但由于交通信息物理系统的特殊需求，这种方法可能无法满足一些交通信息物理系统对实时性、可靠性和安全性的要求。传统的安全控制和实践既无法轻易地转移到交通信息物理系统中，也无法满足更高要求的规模等级以及嵌入式系统的自动化水平（在嵌入式系统中可能无法部署）。控制需要被重构，以处理新的安全和隐私挑战，如随机分布式传感器网络、无处不在的无线网络以及低功耗微系统等。在交通信息物理系统中，安全控制主要分为以下三类。

（1）重用

可以直接从现有安全域进行重用控制，如使用安全策略、防火墙、入侵检测系统、入侵防御系统和虚拟专用网络等。这些可以直接转移至后端交通信息物理系统控制和支持基础设施中。

（2）重构

在交通信息物理系统约束环境中应用程序必须能够重构控制，如轻量级嵌入式防火墙和硬件安全模块。

（3）创新

创新即针对交通信息物理系统中特定的挑战和威胁而设计的控制，如入侵容忍度的新模型、大规模设备认证的新方法等。

（六）新兴的标准

现如今需要新的标准和法规帮助解决集成与管理方面的挑战，并满足交通信息物理系统的一些独特需求。也许显而易见的改进范围便是采用轻量级协议和数据格式，以适用于支持智能交通基础设施、具备严格约束条件的嵌入式环境中的实现。国际互联网工程任务组（IETF）、国际标准化组织和其他标准组织正在引入新的标准，一些示例如下：

①中长范围连续空中接口：国际标准化组织倡议，为智能交通系统服务定义标准无线协议和接口。

②受限应用协议（CoAP）：一种轻量级超文本传输协议，类似于HTTPS。它的安全性用于保护受限应用协议消息。

③简洁的二进制对象表示（CBOR）：关键值对和数组数据类型的可读数据表示（类似于ISON，但更紧凑）。

④CBOR对象签名和加密：用于保护CBOR对象。

这些示例不是所有的，新标准将被持续开发和批准，制造商将继续发展和使用缺乏安全特性或者弱安全特性的产品，这有可能会存在持续的风险暴露期，使交通信息物理系统易受到一系列琐碎的攻击。

第三节　交通信息物理系统中的信息安全控制

当前的信息物理安全研究往往严重依赖于现有的安全控制和设计模式。由于交通信息物理系统的特殊需求，这些研究可能不适用于一些关键环境或目标，如大型低端嵌入式环境、实时安全关键环境和物理安全性较差的无人值守目标。所以需要针对交通信息物理系统的新解决方案进行进一步的研究和开发。在信息物理安全设计中，我们必须综合考虑实时需求、网络、物理对象和人之间的反馈，分布式命令的控制，行为和威胁模型的不确定性，测试和仿真的局限性、可伸缩性，以及地理分布等因素。相关学者讨论了交通信息物理系统中的安全建模、传感器和执行器的安全、系统架构和应用的安全，并提供了一种将安全集成到核心系统设计中的方法。

一、信息物理系统安全需求特性

由于近几年信息物理系统安全问题日益突出，国内外科研人员对此进行了广泛深入的研究。卡德纳斯（Cardenas）等指出，信息物理系统安全需求特性概括起来主要包含以下三点。

（一）完整性

完整性是指系统在信息收发过程中利用探测技术发现欺骗性攻击，或者在欺骗性攻击存在的条件下仍然可以实现控制目标。完整性即数据资源完整可信。缺乏完整性的数据会导致系统受欺骗，而当授权用户收到这样的错误数据时会认为是正确的。

（二）可用性

可用性即基于系统需求的资源是否可使用的特性。缺乏可用性会导致系统拒绝服务。虽然系统受到短暂的系统拒绝服务攻击时可能不会对服务质量造成破坏性影响，但是信息物理系统高度的实时性要求为系统面临拒绝服务攻击下的防御策略设计带来了新的挑战。

（三）机密性

机密性即保护未授权用户无法获取机密信息的能力。缺乏机密性会导致信息暴露，外部的攻击者可以通过偷听传感器与控制器、控制器与执行器之间的通信信道获取系统的状态信息，进而推断用户的隐私信息。

二、信息安全控制

（一）嵌入式系统安全

为交通信息物理系统设计有效的安全控制的关键挑战之一是如何在嵌入式环境中实现。有大量关于更加复杂（高端）的嵌入式系统安全体系结构，如广泛用于移动平台的 ARM 和英特尔（Intel）体系结构。而对于嵌入式系统，相关学者已经提出了大量安全体系结构，包括基于软件的隔离和虚拟化、基于安全硬件和处理器的可信计算（提供安全执行）两方面的体系结构。这些体系结构可能适用于较大的嵌入式系统或移动设备集成的交通信息物理系统（如车辆娱乐系统）中。这是一个非常活跃的研究领域。例如，齐墨（Zimmer）等描述了安全约束的代码执行时间，结合了静态分析和最坏情况下的执行时间，并提供了执行时间超过限制的系统故障指令。

低端嵌入式系统通常是为特定的任务而设计的，针对低功耗和最低成本进行优化，通常需要满足严格的实时需求。这些系统通常不能支持用于高端嵌入式系统的功能丰富的控件。安全解决方案通常是对安全代码和相同平台上运行其他软件的数据基于硬件执行隔离。由于严重的资源限制，即使基本的安全控制（如加密）也可能无法在这样的环境中部署。

（二）嵌入式防火墙与硬件安全模块

1. 嵌入式防火墙

防火墙是非常有价值的信息安全控制手段，可以加强安全域之间的信任边界。虽然它在传统的网络领域中普遍存在，但是防火墙对资源的要求很高，因此适用于高级控制系统以及有足够的机载资源来支持这些特性的系统。在底层嵌入式系统中实现有状态防火墙可能是不可行的，尽管可以部署相对基本的防火墙功能，如访问控制规则。霍塞恩等给出了一种用于无线传感器网络的新型轻量级防火墙部署的细节。

2. 硬件安全模块

硬件安全模块广泛应用于传统信息安全领域，为密码学、随机数生成和安全密钥或证书存储等提供嵌入式硬件支持。硬件安全模块通常部署为机架安装的安全设备，并可能包含复杂的防篡改功能，以减少未经授权的物理和远程访问。在交通信息物理系统中，小型硬件安全模块越来越有可能直接嵌入安全关键组件中，如网联车辆的低层控制系统和电子控制单元中。

（三）访问控制、加密和标识

在企业安全中，对敏感系统的访问一般是通过安全控制进行管理的，如强标识、加密和基于角色的访问控制。这些控制可能同样适用于交通信息物理系统中的基础设施控制和后端支持服务。然而，即使在一些底层嵌入式系统中部署基本的访问控制，也可能不可行。由于资源限制，加密机制的安装可能是不可行的，当考虑规模时，强标识在硬件级别的实现也需要仔细考虑。如果加密无法实现，就会引起数据隐私的问题，因此出现了新的标准来提供轻量级的实现。至于标识，可能会在生产过程中从硬件中产生独特的标识，如物理上不可复制的功能可能适用于集成电路，并被研究团体和行业广泛讨论，相关研究证明此功能适用于生成独特的硬件指纹。不可复制的功能可以形成安全实现的基础，这些安全实现需要安全密钥存储和设备身份验证，从而生成和存储系统的私有主密钥。尽管取得了一些进展，但是在许多交通信息物理系统环境中的复杂性、对基本安全控制的缺乏以及物理模拟组件的存在都意味着这些访问控制可能被简单地绕过。

（四）入侵容限

入侵检测系统是一种成熟的安全控制技术，在数据网络中得到了广泛的应用。这些控制用于检测以及在某些情况下主动防御攻击，并在针对传统分层安全模型（具有硬安全边界）建立信任后变得越来越普及，而且在防止入侵方面，真实规模的挑战变得明显。如今，大多数大型企业都认为安全漏洞是不可避免的，行业调查也支持这一观点，入侵检测系统以及相关的监控解决方案都是为了在出现漏洞时提供早期预警。

安全漏洞的不可避免性对交通信息物理系统具有指导意义，因为交通信息物理系统几乎没有硬安全边界的表征，在某些情况下还可以直接物理访问敏感系统。在信息物理世界中，入侵检测系统仍然与后端基础设施的某些部分高度关联，尽管可能需要对此类控件进行重大重构以处理嵌入式环境中的低级约束和规模。在交通信息物理系统中，需要运用从基线行为中检测异常行为的方法，并在组件出现问题或受到损害的情况下采用自修复（或排除）方法。相关学者建议建立安全策略并创建具有安全接口的框架，以增强系统动态行为的安全性，并讨论使用集成的反馈机制实现网络自配置和自修复。

（五）代码签名与设备认证

1. 代码签名

代码签名是一种众所周知的技术，用于确保以已知和可信的状态构建与交付软件包。本质上，用户需要在收到这样一个包时验证发布者的可靠性，对于安全关键系统，代码签名的价值是不言而喻的。代码签名通常使用密码散列对包和包的所有子组件进行数字签名，从而支持跨越整个软件供应链的完整端到端来源。代码签名使收件人能够质疑（可能忽略）可疑包，并有助于确保系统处于已知状态并有助于简化事件后的取证调查。

2. 设备认证

为了验证系统状态的完整性，使用一种称为认证的机制，它能够检测与已知状态的差异。例如，用户可能希望知道某个特定组件正在运行固件的特定版本。这在部署了大量低功耗组件并提出了一些远程认证方法的环境中尤其具有挑战性。这些方法大多涉及认证者和验证器的相关概念，其中认证者定期向验证器发送状态报告，以证明它处于已知和可信的状态（不需要轮询）。验证器针对认证者状态进行验证，确认其没有被修改。为了减少恶意软件的欺骗，认证者发布的报告的真实性通常由安全的硬件和 / 或可信的软件来保证。基于软件的认证更适合于低端嵌入式设备，因为它不要求使用复杂的硬件或加密密码（因此可能更便宜，尽管不太可靠）。对于安全关键系统，一些基本的安全特性最好在可用的硬件上实现。

下一代用于拓扑结构的嵌入式系统，如车辆自组织网络，可能会使用大型设备群（嵌入式设备的动态自组织异构网络）。验证这样一个系统的完整性需要有效的群认证技术来集体验证设备状态。目前，规模化远程认证的应用尚不成熟，如何设计一种有效的认证方案是一个具有挑战性的开放性研究课题。

（六）遥测和消息源

信息流是信息物理系统的界定特征之一，交通信息物理系统融合了多种本地的和远程的有线与无线技术。确定通信源的方法包括使用密码学、密码签名和区块链，尽管实时约束可能使这些解决方案在某些环境下不适用。相关学者总结了信息物理系统的信息安全控制问题，描述了消息完整性、可用性，保密问题，欺骗解析以及信息传递中的拒绝服务攻击等，分析了现有的主动防御和被动响应机制的局限性以及安全控制的自动控制理论问题。遥测描述了信息物理系统安全控制研究的挑战和方向，将博弈论应用于入侵检测模型，提出了一种新的主动 - 被动系统入侵算法。有学者提出了一种安全信息流模型，并将其与电力系统中的柔性交流传输系统相结合进行了验证，为未来信息物理系统的安全设计提供了有益的参考。由于该模型只描述了安全事件的一个子集，但仍然有一些安全漏洞，需要通过进一步的研究来解决。

（七）新兴技术

信息物理系统已经利用了移动计算的进步，尽管在关键系统的基础设施中仍然部署了大量传统技术。交通信息物理系统和智慧城市等相关方案正越来越多地运用软件定义网络、虚拟化、机器学习和区块链等新兴技术。现在，作者将在交通信息物理系统的背景下简要讨论这一些重要技术。

1. 软件定义网络

有效的网络信息安全仍然是一个难题，即使在并不算复杂的环境中（如企业网络中）也是如此，这仍然是一个远未解决的问题。在威胁和脆弱性方面存在着太多的变数与动态因素，而且往往是复合的，包括与人的互动。网络信息安全领域的持续军备竞赛对维护过程造成了压力，在频繁的后台补丁和核心系统级服务进行更新的背景下，运营人员每天都在努力防御现有的和正在出现的威胁。随着新的软件开发过程的引入，软件版本变化的速度急剧提升（现在部署新软件版本达到秒级），人类将进入一个网联系统的新阶段，需要网络自身可程序化，以保持速度并实现有限网络资源的有效利用。

软件定义网络本质上是一种新的网络编配方法，它将核心路由的智能化从传统智能交换机和路由器推向基础设施的边缘。此方法的基本思想是，网络的核心部分应该包含较少的智能系统，但是可以通过可编程策略快速重新配置这些系统，以响应环境中的变化。例如，用户可以选择在检测到网络流量快速增长时实现动态扩展服务，而不需要任何人工干预或手动重新配置。软件定义网络应该在新兴的交通信息物理系统控制基础设施中证明其有用性（如用于灾难恢复、需求的快速响应或动态业务路由的选择）；然而，这也有一些风险。使用软件定义网络，控制变得高度集中，因此遭受损害后的破坏范围更大。虚拟化路由中透明性的缺乏还可能导致长期无法检测到在遥测和消息传递中进行窃听与操纵。然而，这是一个重要的领域，在交通信息物理系统的使用中也是一个有前景的技术。

2. 虚拟化

虚拟化本质上是指在严格控制的软件容器中部署操作系统和组件的能力，这些操作系统和组件将在虚拟机上执行。事实证明，虚拟化对于为数据中心和后端支持服务快速部署所谓的弹性支持基础设施非常有利。虚拟化通过确保跨多个操作系统实例的一致性来加快部署和提高安全性。虚拟化很可能是软件定义基础设施的关键支撑因素。虚拟化能够促进"沙盒化"（包含在容器中执行敏感或危险的功能）、可伸缩性、向外扩展性和高可用性。这些特性对构建高性价比、安全且灵活的交通信息物理系统基础设施非常有吸引力。在交通信息物理系统中，虚拟化可能还有其他增益，如改进测试和仿真，将关键系统动态回退到已知状态以及快速部署具有稳定性和一致性的车载系统。

交通信息物理系统基础设施能够产生大量的数据，这些数据的容量与速度可能无法使用传统的关系数据库进行存储和分析。大数据能够在高可用性处理集群中实现大规模非结构化数据集的保存。使用诸如 Hadoop 等技术，可以使用 MapReduce 等专业技术高效地查询大量非结构化数据，而这种跨越大量松散结构化数据的能力通常可以挖掘出惊人的内涵。在交通信息物理系统环境下，用户应该期待大数据在后端支持基础设施中的大量使用，用于保存和分析消息，遥测事件日志、地理空间数据甚至视频要素和图像。交通信息物理系统网络是可进行软件编程的，也可以创建反馈循环，通过对此类网络的动态调整（如响应需求的变化，或者作为预测分析的结果）使分析变得可操作。鉴于关于遥测拦截和中毒的讨论，用户将需要确保有足够的保护措施，以避免重要的决策制定和控制系统受到下游传感器数据的操纵。用户还需要注意避免通过关联或推理而无意中暴露敏感的个人身份信息数据。

3. 机器学习和区块链

网络安全入侵和损害实际上是不可避免的，而且交通信息物理系统中这些入侵的后果可能危及生命，因此用户需要在提高此类网络和系统的智能化方面实现突破。交通信息物理系统基础设施需要具有一定的入侵容忍度，并且需要提供快速的自我修复功能以及新的自动化等级。在分析阶段，机器学习（连同混合式探索）很可能会在威胁和漏洞分析的自动化方面提供重要的思路与增益。无论是在控制系统层面还是在传感器、执行器层面，智能系统和异常检测在区分正常与不良行为方面也有重要作用。机器学习和神经网络以及模糊逻辑等技术可能有助于区分错误、误配置或损坏的组件。机器学习和神经网络也可能通过训练而根据现有的行为去预测未来的成败。在工业系统和企业系统等传统安全环境中，这种面向更智能和更主动安全态势的转变可能会带来显著的增益。

区块链是一种基于成熟概念（如可信树和哈希码）的相对较新的技术，集分布式一致性、不可变状态、时间戳和分布式账本等功能于一体。或许现今最著名的区块链实现是比特币，而且虽然比特币基于区块链技术，但重要的是区分区块链结构。区块链结构在广泛的行业和环境中拥有大量潜在的用途，包括带时间戳的日历块的应用，这些日历块支撑了许多区块链的实现。有相关学者提议在许多安全和隐私环境中使用区块链，如注册不可变资产状态、维护审计日志的完整性、确保敏感遥测技术的来源、保护健康记录和确保通用数据保护条例的个人身份信息交易的完整性。将这些案例绑定在一起的核心主题是信任、不可变性、身份和规模。由于区块链主要具有基于加密哈希码的属性，因此它可能在交通信息物理系统环境中很有用，因为在交通信息物理系统环境中，系统需要扩展到数百万个设备，并且无法部署加密（如由于资源限制）。哈希码相对容易部署，而且与加密相比，计算成本更低。一个重要且微妙的区别是哈希码侧重提升完整性，而加密侧重提升保密性。集成的区块链结构也可用于支持网联传输系统中数百万资产的态势感知，如保护时间（Guard Time）设计了区块链基础设施，每秒可接收1012 个区块链注册。

4. 对新兴技术的展望

这是一个极具吸引力的领域，用户应该认识到，交通信息物理系统的安全保障是一个旅程。在配置过程中，用户也冒着忽视许多经验教训的风险。近 30 年来，网络信息安全被广泛地认为处于一种窘迫的状态。网络犯罪已被证明是持续的和极其机智的，但现在看来，即便有了在网络安全技术和实践方面取得的所有进步，入侵仍是不可避免的。交通信息物理系统为网络犯罪分子提供了一个独特而广泛的攻击面，而且由于将不受保护的技术整合到新兴的网联设计中，用户未来有可能面临发生严重事件的风险。在交通信息物理系统中，产生的后果可能会有生命威胁，以及面临重大的直接和间接经济风险以及针对个人隐私的风险。

为了解决与交通信息物理系统有关的独特的安全和隐私风险，需要拥有一种具有多个抽象层级的整体网络信息安全方法。此外，交通信息物理系统中的特定领域也呈现出设计、实现和风险偏好方面存在的显著差异，所以应在适当的情况下使用专门的安全控制进行独立处理。这种方法涉及多个方面，如风险评估和建模、平台安全、工程安全、管理安全、身份管理、传感器完整性、遥测来源和个人身份信息管理。交通信息物理系统应采用一种实时的、具有入侵容忍度的方法，并采用交替的传感器反馈和自修复来减少损耗造成的影响。用户应当预见并积极推动技术研发，以显著提高网络信息安全的自动化水平、有效性和准确性，从而应对新出现的威胁和部署规模。

针对交通信息物理系统，用户有机会从一开始就在安全方面进行设计，通过开发包含安全与隐私的新协议和标准，以及开发可以容忍某种程度的入侵而安全性又高的系统，从而从根本上解决一些基本问题。在诸如企业网络等更加传统的安全环境中，这种向更加主动和入侵容忍度更高的安全态势的转变，可能带来显著增益。

目前仍有许多重大的研究方向方面的挑战需要进一步解决。交通信息物理系统的风险评估仍在起步阶段，重要的是人们探索了其他学科（如机器学习）如何被用来提供分析和提高威胁与漏洞分析的自动化水平（如通过为关键基础设施和交通运输系统自动生成攻击树）。随着人们向完全自动的交通信息物理系统迈进，实时消息总线设计的安全性提升将是至关重要的。交通信息物理系统特别需要新的轻量级的安全控制来帮助减轻低等级攻击。入侵容忍系统和探测方法需要用来处理来自损坏或者故障组件的异常行为，特别是在物理安全较弱的领域。远程认证技术需要不断完善，以确保正确的操作状态，特别是在一些经常更新空中下载技术（OTA）的核心系统。当前远程认证的应用尚不成熟，如何设计一种有效的认证方案成为一个具有挑战性的开放性研究课题。

供应链和服务运营固件的复杂性引起了人们对安全与隐私的重要关注，特别是如何在部署的所有组件和子组件中提供更高的透明度以及可审核性，以及如何更好地对完全组装的系统的安全性和隐私性进行仿真与测试。

（八）案例——网联汽车

当今的汽车中包含了模拟和数字组件的混合物，这在很大程度上仍然是驾驶员在掌控。随着谷歌、苹果、微软、优步和特斯拉等实力雄厚的公司宣布推出产品，汽车自动化目前正受到研究团体和制造商的大量关注。当转向完全网联以及基本自动驾驶的汽车时，发生严重袭击的风险将不可避免地增大。最终，可能会存在较少甚至无人的访问控制，由于制造商采取降低成本的措施而取消了人工覆盖驾驶员功能的能力。如果这类车辆的网络受到破坏，那么个体以及宏观上发生严重事故的风险就很可能出现。忽视这些可能性是不明智的，其他领域的经验表明，对安全性进行加装改造很少奏效。在业界关注安全的同时，用户需要从根本上显著提高安全性，在设计阶段就要加强安全和隐私控制，寄希望于相关的研究标准的改进以及引入有针对性的监管。

1. 关键利益相关方

在现实世界互联的系统中提供近乎完美的安全性会变得非常昂贵，而且由于许多原因，实现完美的安全性实际上是不可能的，这就变成了一个风险问题。为了确定为保护网联车辆而部署的安全资源的级别，用户应该首先考虑关键的利益相关方以及所要保护的资产。网联车辆的主要利益相关方如下：私家车车主、汽车制造商、汽车经销商、服务提供商、车队所有者和租赁公司、软件和硬件公司。

必须保护的资产包括广泛的特性，如所有权、隐私、可用性、客户满意度、知识产权、责任和声誉，这些特性针对敌人可能试图追求的本质目标提供了有用的指导，用户可以从这些特性开始构建攻击树。

2. 系统和组件架构

信息安全当前是汽车电子系统的一个主要问题，现如今的汽车包含了许多网联的电子系统，这些系统通过精心设计以提供对汽车状态的监控。现代汽车可能包含 50～120 个 ECU，这些嵌入式计算机系统控制着大量的系统，从转向系统、制动系统、动力系统、娱乐系统到照明系统。车辆控制系统通常依赖于来自多个制造商的组件，这些组件包括传感器和执行器、多核处理器以及不同制式的无线通信系统。车辆的整体安全依赖于 ECU 之间的接近实时的通信。ECU 之间通过相互通信负责实现预测碰撞、检测滑块、执行防抱死制动等。

对于车内通信，最广泛使用的消息总线是 CAN，本地网络中的安全性可能比较薄弱或根本不存在，而且有些实现可能是专有的。CAN 基于一个简单的数据包总线，允许消息在安全关键系统之间广播。当前 CAN 中没有对安全通信的隐式支持，其总线带宽也有限制：消息长度较短，且定时约束致使在不影响安全系统的情况下使嵌入安全性变得很困难。CAN 通过在消息上使用简单的校验和，并且可能通过不同制造商之间的专用差异进行隐藏来实现安全特性。由于这些未文档化的特性，CAN 很容易受到反向工程和欺骗的攻击。因此，CAN 对攻击者来说是一个重要且有吸引力的攻击面。

网联车辆通过外部通信（通常通过网关 ECU 和车载随意移动网络）并使用广域通信技术进行通信，如微波接入全球互操作系统、车辆环境中的无线接入系统、通用移动通信系统和长期演进系统。与原始设备制造商（OEM）网络的蜂窝连接通常可用于对非关键固件和软件系统进行无线更新，尽管一些制造商已经将无线更新用于核心 ECU。智能手机应用程序也已经被开发出来以提供一系列功能，如识别车辆位置、操作门锁以及启动和停止发动机。随着汽车制造商的差异化竞争，应用程序功能可能会得到扩展。

网联车辆越来越依赖于一系列的传感器。图 4-3-1 显示了高自动驾驶等级所需的传感器的范围。这些传感器均呈现出攻击面，它们的脆弱性取决于是安装在内部还是外部，以及相关通信通道的保护程度。

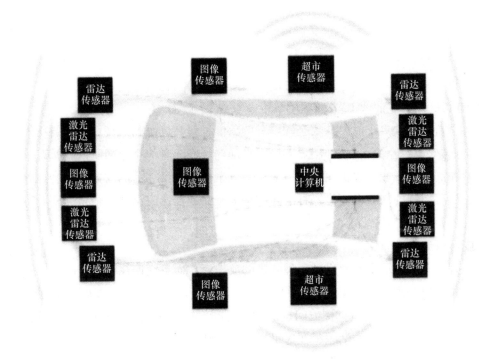

图 4-3-1　现代网联汽车中的多个传感器部署

目前，超声波传感器广泛应用于停车场，然而这些传感器对自动驾驶的重要性是有限的。为了实现更高级别的自动化，需要三组主要的传感器系统：摄像头（单一的和立体的）、雷达（无线电探测和测距）、激光雷达（光探测和测距）。

摄像头和雷达系统越来越多地被用于 L1 级和 L2 级车辆。当同时使用时，这些系统可以提供车辆速度和距离的精确反馈以及对障碍物与移动物体的指示。雷达传感器位于车辆的前部和后部，用于监测交通状况并能够探测到 1 cm 到几百米的距离。由于成本和可用性的限制，目前激光雷达系统在生产中很少使用，这项技术的潜力还有待充分挖掘。

另一个需要考虑的是车辆娱乐系统（通常称为信息娱乐系统）的使用。汽车正在迅速成为一个移动娱乐平台，随着汽车的自动化程度越来越高，信息娱乐系统将成为运输途中为汽车为乘客提供服务的关键部分。如今这样的系统可以使用商业成品的软件进行交付，包括微软 Windows Embedded Automotive 和 QNX（一种类似 Unix 的实时操作系统），以及 Linux 的开源变体。虽然这些系统具有商业吸引力，但这些环境对攻击者来说是潜在的丰富目标，具有可充分理解的攻击面。移动操作系统通常需要定期打补丁来减少漏洞，如果这些系统与车内控制系统相连接，用户就有可能需要面对潜在的安全、隐私方面的问题，需要对这些功能进行仔细检查。

3. 自动驾驶的演进

自动驾驶的各种分类采用的标准通常是国际自动机工程师学会的标准。一些国家已在 2020 年前使 L3 级车辆合法化。

全自动驾驶汽车需要从安全和隐私的角度进行高等级的监视，还需要额外的安全措施来避免重大事故。用户应该把自动驾驶汽车看作当今网联汽车所有可能的威胁和漏洞。如果攻击面变得更大、更复杂，那么潜在漏洞的数量就会显著增加。远程控制的网联车辆是一种潜在的恐怖主义武器，应该从这个角度来看待安全性差所要付出的代价。

4. 威胁和漏洞

现代车辆为攻击者提供了各种各样的攻击面，而且它们往往是长时间无人值守的（所以物理安全可能并不总是可用）。研究人员已经证明，车辆可能通过许多接口受到危害，包括直接或间接的物理访问、短程无线通信和远程无线通信。这是一个广泛而复杂的话题，在这里讨论一个常见威胁和相关研究的样本。防盗器系统经常受到攻击，从而允许直接物理接入车辆及其车载系统。这类攻击的技术含量往往低得惊人，尽管目前更加复杂的攻击正被试图在高端汽车上实施，使用的技术包括中继攻击、无线电干扰、拒绝服务和破解加密密钥。

一旦进入车辆，ECU 可以通过车载诊断（OBD-Ⅱ）端口被物理访问（OBD-Ⅱ端口在美国是强制性的，大多数车辆上都有）。使用这种访问级别，恶意对手可以进行安全攻击，如消息注入、重播、欺骗和隐私攻击、窃听。通过渗透到单个汽车 ECU，攻击者可以通过通信总线（如 CAN）访问其他 ECU，并可能取得对仪表集群、门锁和安全关键部件（如加速和制动系统以及发动机）等特性的控制。华盛顿大学和加利福尼亚大学圣地亚哥分校的研究人员展示了恶意软件是如何通过对车辆的物理访问，或通过蓝牙或远程信息处理被引入的。需要注意的是，虽然这些研究人员的研究是为了证明这种威胁存在，但没有发布利用代码或透露测试中所使用车辆的身份。

交通信息物理系统采用不同类型的传感器进行物理信道的参数测量，如一辆汽车可能同时装备激光雷达和声呐传感器来测距，装备一个磁测速仪来测量速度，装备传感器来测量轮胎压力。对手可能会试图破坏特定类型的传感器从而产生特定类型的故障，如距离测量传感器可能会被破坏，从而产生错误的距离读数，进而可能导致车辆的制动功能受到破坏。传感器的可信度可能会有所不同，这取决于传感器是放在内部还是外部，以及对手（新手还是老手）是位于车辆内部还是外部。

系统可能会由于多种原因而受到攻击，包括社交攻击、定时攻击、应用程序攻击到拒绝服务攻击等一系列攻击。例如，车主可以发动所谓的女巫（Sybil）攻击，伪造拥堵信息欺骗数千辆汽车，以影响交通控制系统，或者影响其他驾驶员选择另一条路线。

网联汽车组件的远程更新通常是必不可少的，如为了修复软件缺陷升级功能、维护特定的风险配置文件等。这些更新越来越多地通过无线来传输，这就出现了一个丰富的攻击面，它可被拦截、拒绝服务、窃听和进行数据操作。

供应链与服务基础设施为网联汽车所有组件的交付和维护提供服务，涉及多种不同的供应商和分包商。供应链的复杂性意味着对供应的各个方面进行监督和审查是不可行的，而且会实际存在一系列攻击的可能性，涉及内部威胁、欺诈、敏感信息泄露和安全隐患。

5. 降低威胁

为了降低无线传输更新受到攻击的风险，需要在可行的情况下对相关的通信通道进行加密，理想的情况是使用硬件支持加密功能和密钥存储。软件供应链也需要实现端到端代码签名和定期的状态检查与版本审查以确保系统状态。如果对关键组件进行监视，则还应该能够实现回退过程，在活动状态不一致的情况下强制系统返回到已知状态。

针对安全关键函数和容错性（如在传感器网络中），交通信息物理系统可以使用多种不同的技术来测量相同的变量，提供一些冗余和检测异常读数的功能。例如，车辆可以使用带有 C2C 的声呐和激光雷达来测量距离。由于噪声、丢包和其他故障，激光雷达很容易发生故障（如在雾天），传感器的输入也可能不可靠。由于这些传感器可以放在汽车内部或外部，用户也应该考虑直接的物理攻击。

研究人员已经提出使用消息验证码来保护 CAN 网络，使其免受欺骗和攻击，尽管由于消息长度的限制和实时约束，这些增强功能在现如今的车辆上基于 CAN 实现可能是不可行的。

当传感器读数有明显偏差时，用户可以考虑采用信号处理技术和先进的探测法（包括降噪、滤波、异常检测和一致性算法等）来防止、检测和容忍传感器输入的不可靠性。这些技术可以用来确定哪些读数是可行的、哪些应该被暂时或永久地排除。例如，可以使用一致性算法，要求一定比例的传感器输入在特定时间内可靠地上报，忽略任何异常值。

由于汽车往往会长时间无人值守，如果攻击者能够直接访问传感器和安全关键部件，那么漏洞的范围就会扩大。通过在车内部署传感器，并在可能的情况下取消对车内硬件接口的直接物理访问（如支持带有访问控制的加密 Wi-Fi），此类风险可能会显著降低。如果规定诊断端口在车辆内应易于访问，则可能不可行。在传感器无法直接物理访问的情况下，熟悉车内系统的技术娴熟的对手仍有可能远程破坏车辆，并通过这种方式操纵读数，从而影响关键的安全功能。

这是一个复杂的、不断发展的重要研究领域。从其他安全领域得到的一个教训是，随着时间的推移以及更复杂的安全控制的部署，攻击往往会变得更复杂，特别是在目标足够具有吸引力的情况下。这样的攻击往往会体现精通的系统知识和高水平的技能。

第五章　现代交通信息系统应用案例

本章主要讲述的是现代交通信息系统应用案例，分别介绍了停车诱导系统、交通信号控制系统、交通突发事件应急管理系统三方面的内容。作者期望通过本章的讲解，能使读者对相关方面的知识有更深的理解。

第一节　停车诱导系统

一、停车诱导系统概述

动态交通和静态交通是城市交通的两个重要组成部分，前者是指人、车、物的流动，后者是指车辆的停放。要处理好城市交通问题，关键就是要实现静态交通和动态交通的平衡，实现车辆"进得来、停得下、走得了"。

停车诱导系统是协调静态交通与动态交通保持平衡的有效手段。它是综合智能交通系统的一个组成部分，以促进停车场及相邻道路的有效利用为目的，通过可变信息板、车载信息发布装置、互联网、手机平台等多种方式向驾驶人提供停车场位置及其使用状况、路线以及相关道路交通状况等信息，诱导驾驶人最有效地找到停车场。该系统结合了现代的计算机、通信和交通工程技术，能够有效地提升交通运输网的安全性和效率，减少交通污染。

二、停车诱导系统的组成和功能

（一）停车诱导系统的组成

一般的停车诱导系统由四个子系统组成，分别为信息采集子系统、信息处理子系统和信息传输子系统及信息发布子系统。

大城市的停车诱导系统的总体功能是发布停车信息，同时给城市智能交通系统提供基础数据。停车诱导系统的直接功能是给交通管理人员和有停车需求的公众提供停车信息。

停车诱导系统的总体结构采用集中—分布式的系统体系结构。数据信息的采集、处理及数据库的布置是分布式的，数据的共享融合和一致性维护管理是集中式的。信息采集、信息处理、信息传输和通信结构介绍如下。

1. 信息采集

信息采集是停车诱导系统的一个重要组成部分，它同样是停车场设计、道路基础设施建设乃至交通规划的基础工作。通过对车位数量、位置及利用状况等信息进行采集，不仅可以为停车诱导系统的发布提供信息保障，还能掌握停车现状和规律，明确停车问题的性质，由此提出有针对性的问题解决方案。

停车诱导系统的信息采集可以分为静态数据采集和动态数据采集。静态数据采集是主要完成各停车场或路侧停车位的位置、类型、费率额的统计和输入，静态数据还包括停车诱导系统中一段时间内稳定不变的信息，以及具有停车 - 换乘功能的相关站点的信息。动态数据是车位利用状况、停车场开闭等在时间上相对变化的信息。按数据来源，车位信息采集可以分为直接采集和间接采集。直接采集通过停车管理主机获得停车信息，间接采集通过其他智能交通系统的各个采集数据节点整合交通行业的各种信息。

信息采集可以分为以下三类。

（1）人工采集

人工采集属于比较传统的非自动采集，不需要复杂的设备，但信息的准确性和及时性不易控制。

（2）根据车辆特性采集

交通信息采集主要是检测车辆，将车辆的存在和运动状况转换成电信号输出。车辆是一个含有大量铁构件、有质量、有几何形状的实体，并具有一定的光、热、电的特性，根据这些特点，信息采集方法可分为磁性检测、超声检测、电磁波检测、热检测、质量检测、视频图像检测等。

（3）借助外界物采集

随着交通的发展，停车诱导系统对信息有了更高的要求，不仅要求提供车辆数量信息，还要求对不同的采集对象加以区别，继而采取不同的策略，比较常见的是车牌号和 IC 卡识别。

2. 信息处理

停车诱导系统信息处理不仅提供车位使用状况信息，还担负着存储停车场或路边车位信息、加工处理车位使用情况的变化模式等任务，这些功能将为未来提供车位需求状况预报、车位预约等服务奠定基础。停车诱导系统的车位信息处理通过管理软件分两步实现，即前端处理系统和管理中心系统。

前端处理系统一般指停车场管理系统，主要具备的功能包括采集车辆的进出口数据，如车辆性质、车辆编号、车辆进出口时间等；车位利用情况；停车管理需要的其他功能，如收费统计等。

管理中心系统的功能组成如图 5-1-1 所示。

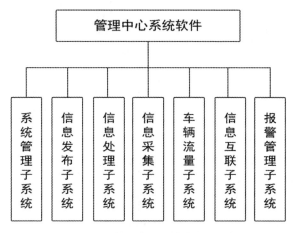

图 5-1-1　管理中心系统的功能组成

从目前的采集技术来说，车位采集器对当前的车位信息采集比较明确，但它无法对未来的车位变化做出准确无误的预测。在诱导区域较大的情况下，由于停车场与信息发布牌相隔一定距离，为了防止驾驶人在信息发布屏上看到停车场有"空位"而到达停车场时没有车位的情况发生，必须对行程时间内的车位变化做出合理处理。在区域停车诱导系统中，系统总是考虑如何准确及时地向驾驶人提供停车信息，虽然这种模型简单实用，但也存在一些缺点，如所提供的信息有限、无法考虑不同驾驶者的不同要求，即无法实现系统与使用者之间的互动。随着城市智能交通信息平台、交通流诱导系统、GPS 及多级化停车诱导系统的建立，人们对停车诱导系统的信息处理有了更高的要求。停车诱导系统的系统优化从整个城市的停车管理和交通畅通出发，拟定合理的交通控制策略，即系统最优模型，然后根据不同的系统目标采取相应的对策。

停车信息发布是停车诱导系统的主要部分，按诱导信息是否可变分为固定诱导信息和可变诱导信息。固定诱导信息主要以停车标志牌为主，由于这种信息发布方式成本低廉，可作为停车场诱导信息发布的有益补充；可变诱导信息发布牌能够提供变化的车位或车场信息，在可变信息发布牌上附带一些固定的诱导信息，可以节约成本或提高发布系统的稳定性。

常用的停车诱导屏信息表现形式如表 5-1-1 所示。

表 5-1-1　常用的停车诱导屏信息表现形式

级别	牌面类型	静态内容	动态内容
A	文字＋箭头	P 空位＋诱导区域名＋箭头	区域剩余泊位总数
B	地图式	P 空位＋路网	小区剩余泊位总数
C	文字＋箭头（组合式）	P 空位＋停车场名＋箭头	车场剩余泊位总数
D	文字	P 空位＋停车场名称	停车场剩余泊位总数

停车诱导系统应结合诱导区域特点设计成 3 级或 4 级诱导系统。一般采用 3 级诱导体系，如表 5-1-2 所示。

表 5-1-2　3 级诱导体系

性质	级别	作用	建议设置位置
区域级预告性诱导标志	一级（A）	显示诱导区域位置和总控信息	区域周边主干道
	一级（B）	分区诱导，指导临近各分区位置及空位信息	分区域外围主要道路
	二级（C）	周边停车场指示标志，指示道路沿线停车场信息	区域内部道路
	三级（D）	指导各停车场位置和总空信息	停车场入口

在多级停车诱导系统中，信息发布常涉及区域车位数据的统计和处理，鉴于信息发布的跨区域性，为提高诱导效果，在管理中心，发布区域信息的分区处理与在物理上各区域信息采集的划区应有所不同。

发布区域车位信息的分区主要遵循以下原则：每个分区的范围不宜过大，应当限制在 6～8 个街区以内，最好控制在边长为 500 m 左右的矩形区域内；各个分区最好在名称上能加以区别，这样容易识别；每个分区内的停车场容量和停车需求大致相等；应当避免行人流量大的道路跨越小区；通往停车场的诱导路线尽量避免出现左转；各分区最好能用干线道路分开。

3. 信息传输

信息传输系统的基本任务是保证从信息采集系统到信息处理系统再到信息发布系统信号传输的畅通，实现数据交换。数据传输可以是有线的通信传输（如传统的方法有利用电话线传输，现在广泛使用的是光端机信息传输、互联网专线信息传输），也可以利用无线通信方式（如 GSM 网络、移动通信网络、无线局域网络等）进行传输。

（二）停车诱导系统的功能

1. 车位引导功能

控制显示屏，引导车主以最短的时间快速进入空闲车位，提高停车场的使用率、优化停车环境，提高客户满意度。

2. 固定车位保护功能

通过规避引导，实现对定保、月保、固定等专用车位的保留。

3. 实时监控车位状态

停车诱导系统可以实时显示车位占用情况，统计停车场车位的占用数、空余数，统计时间段内各类车辆的进、出场数等，方便管理人员对车场的监控及管理。

4. 统计功能

该系统能统计停车场每天和每月的使用率、分时段使用率等，方便业主了解停车场的使用状况。

第二节　交通信号控制系统

一、交通信号控制的历史沿革

交通信号控制是在无法实现道路交通流空间分离的地方（主要为平面交叉路口）运用各种控制软硬件设备（如交通信号灯、电子计算机等）在时间上给相互冲突的交通流分配通行权的一种交通管理措施。合理的交通信号控制可以达到减少交通拥堵、保证城市道路畅通和避免交通事故发生等目的。

交通信号控制的发展经历了手动控制模式、机械控制模式、电动控制模式和计算机控制模式四个阶段。从最初的单个交叉路口的单点控制逐渐发展到各个主干线上的协调控制，随着计算机技术的迅速发展，控制范围逐步覆盖到整个交通系统。由于控制范围的不同，交通信号的控制方式也由开始的定时控制发展到现今的智能实时控制。19 世纪中期，随着城市道路网的扩大，交叉路口数量逐渐增多，交通安全以及车辆拥堵问题逐步引起社会的关注。1918 年，一位美国人发明了一种手动控制三色信号灯，成为现代交通信号灯最早的原型。1926 年，在英国的街口出现了一种具有现代化特点的机械式交通信号灯，它可以在一段时间内对某一路段的红绿灯周期进行改变，从而实现对该路段行驶车辆的通行控制。1928年，配备了检测器的感应式信号机的成功研制，使人们慢慢意识到交通系统整体性控制的重要性。

20 世纪 60 年代，世界各国都相继将计算机技术应用到交通信号控制中，并研究了控制范围较大的信号联动协调控制系统，建立模拟交通流状况的数学模型，以便有效缓解日益紧张的城市交通问题，并先后研制出了许多信号控制系统。20世纪 80 年代以后，随着信息技术的发展，城市交通控制开始向信息化、智能化方向发展。20 世纪 90 年代，发达国家已经开始出现智能交通控制系统，并将城市交通控制系统纳入智能交通系统中，城市交通控制系统成为先进交通管理系统的重要子系统。截至 2000 年，世界上已有 480 多个城市采用了先进的交通信号控制系统。

20 世纪末至今，随着信息技术和控制技术的不断发展，人们为应对各种交通运行状况而研制出了多种新的控制系统，我国也通过引进或自主研发，在省会一级的城市基本建立了区域交通控制系统。这些系统主要有：哈尔滨新中新电子股份有限公司的 2000-1 智能交通信号控制机、西北工业大学空中交通管理系统研究所研制与开发的 XATM 系列智能交通信号控制系统、青岛海信网络科技股份有限公司 HSC-100 型信号机、杭州美伦电声有限公司开发的 ML-TC04 交通信号机等。

二、我国智能交通信号控制系统应用

我国交通信号控制系统的研究起步较晚，20 世纪 70 年代后期，北京市采用DJS-130 型计算机对干线协调控制进行了研究。20 世纪 80 年代以来，我国一方面采取引进与开发相结合的方针先后建立了一些城市道路交通控制系统；另一方面投入力量研发城市交通信号控制技术，开发适应我国以混合交通为主要特点的智能交通控制系统。如北京市引进了绿信比、周期、相位差优化技术（SCOOT）系统，上海市引进了悉尼协调自适应交通控制系统（SCATS）。中国科学院沈阳自动化研究所建成并在大连市实现了国内第一个城市交通自适应控制系统，"七五"国家重点科技攻关项目"南京市交通控制系统"等，为我国交通信号控制系统的发展奠定了良好基础。目前，我国城市年均新增及更新的城市交通信号控制路口数量增多，出现了无锡华通智能交通技术开发有限公司、南京莱斯信息技术股份有限公司、北京易华录信息技术股份有限公司、上海宝康电子控制工程有限公司、连云港杰瑞电子有限公司、南京多伦科技股份有限公司、南京洛普股份有限公司、浙江大华技术股份有限公司等主流信号控制厂商。同时，我国也逐步形成了一些有代表性的交通信号控制系统，如南京莱斯城市交通控制系统、海信 HiCon 交通信号控制系统、深圳市格林威交通信号控制系统等，它们在我国的城市道路交通管理与控制中发挥着越来越重要的作用。

（一）南京莱斯城市交通控制系统

南京莱斯城市交通控制系统（NUTCS）是我国自行研制开发的第一个实时自适应城市交通信号控制系统，是在国家计委（现为国家发展和改革委员会）和国家科委（现为科学技术部）的批准下，由公安部交通管理科学研究所、同济大学、电子部 28 研究所（现为中国电子科技集团公司第二十八研究所）、南京市公安局交通警察支队共同研发完成的，是"七五"国家重点科技攻关项目，多次获得国家和公安部的技术大奖。

NUTCS 结合了 SCOOT 与 SCATS 的优点，满足国内路网密度低且路口间距悬殊的道路条件，适应混合交通突出的交通特点，可自动协调和控制区域内交通信号配时方案，均衡路网交通流运行，使停车次数、延误时间及环境污染减至最小，从而充分发挥道路系统的交通效益。通常采用路口级和区域级两级控制结构，在需要的情况下可以扩充为路口级、区域级和中心级三级递阶式控制结构。NUTCS 设置了实时自适应、固定配时和无电缆联动控制三种模式，它们具有警卫、消防、救护、公交信号识别以及人工指定等功能；必要时可通过人工干预直接控制路口信号机执行指定相位，保障城市道路交通的畅通和特种车辆的优先通行，工作方式灵活、功能完备。

南京莱斯信息技术股份有限公司通过多年的努力自主研发了第一代信号机技术，在第一套适合我国国情的联网信号机投入市场后，该技术率先在湖南省株洲市推广应用，有效改善了当地交通拥堵状况，减轻了交警工作强度，获得了用户的认可。

2014 年，南京市启动城市交通信号机联网及公交信号优先控制系统建设，在南京青年奥林匹克运动会期间其为交通安保、特勤任务等工作做出重要贡献，同时保障了 12 月 13 日国家公祭日的交通安全。公交信号优先控制系统建成后，公交车辆平均车速提高 15%，公交车辆停车次数降低 30%，创造了巨大的社会效益和经济效益。同时，南京市加强信号协调控制，建成绿波带 154 条、控制路口 1063 个，其中潮汐绿波带达到 41 条，市区绿波信号控制率达到 80%，有效提高了城区通行效率。

2017 年，南京莱斯信息技术股份有限公司研制了基于全息检测的城市路网信号智能控制系统，应用"时空三段全息采集"模式从空间上获取进口道车辆排队信息，以及停止线、渠化中段、渠化末端三个断面的车辆过车信息，在时间上分析绿灯初、绿灯中和绿灯末在各通行方向上的交通需求，深度融合多维度时空信息，掌握车辆到达和驶离的规律以及排队的形成和消散规律。同时，针对单个路口和干线道路分别制订了利用全息控制的先进解决方案，实现最大限度减少路口控制延误、消除平峰时段的绿灯空放现象、均衡高峰时段的各流向排队、保证上下游路口的绿波协调控制等。城市路网信号智能控制系统已在南京市河西大街泰山路、河西大街黄山路两处路口示范应用。据统计，在全智能控制模式下，信号灯在平峰时段减少空放空待、高峰时段减少排队方面体现出较为明显的优势。

南京市在推广使用城市路网信号智能控制系统后，已连续九次获得"畅通工程"一等管理水平城市称号。南京市目前有 1500 多个路口采用了莱斯交通信号控制机管理交叉路口交通信号，市区内超过 150 条道路实现了绿波信号控制，绿波信号控制率达 80%。目前，城市路网信号智能控制系统已发展到第 3 代产品，主要分布在南京、株洲、常熟、佛山、秦皇岛等 120 个国内大中型城市，并且已经推广到肯尼亚、巴基斯坦和科特迪瓦等海外国家。

（二）海信 HiCon 交通信号控制系统

海信 HiCon 交通信号控制系统的结构如图 5-2-1 所示，采用的三级递阶式控制结构包括：中心控制级、区域控制级和路口控制级。该系统结构能够充分体现出"小主机大控制"的设计思想和控制模式。

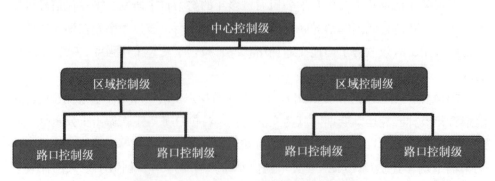

图 5-2-1　海信 HiCon 交通信号控制系统的结构

其中，中心控制级主要负责交叉路口的交通状态模拟、交通状况分析和系统设备的监控，并将微观分析的数据下载给区域控制服务器。区域控制级根据自身对交通状态预测的结果优化控制方案，将最终优化方案下载给信号机，区域控制服务器将控制区域内所有信号机上载的交通信息汇集完整后，集中上载给中央控制服务器。信号机负责处理检测器数据，并将数据上载给区域控制服务器，同时还能完成单点的信号优化配时功能，实现单点自适应控制和感应控制。

2002 年，海信网络科技约 50 名开发人员耗时 3 年之久，根据中国的交通特点研究开发了集中协调式信号机——HSC-100 信号机。2003 年年底，海信网络科技成功中标青岛市黄岛区和龙口市交通信号控制系统，从此拉开了海信交通信号控制系统进军市场的序幕。2005 年 12 月，海信自适应交通信号控制系统中标北京市智能化交通管理投资建设项目，彻底打破了国外公司在高端信号控制器中的垄断局面，在中国交通信号控制发展史上具有里程碑意义。2006 年年初，海信网络科技再次中标北京市快速路交通信号控制系统建设项目，对全面改善北京交通状况起到良好的促进作用，此系统的特点是：体系完整、通用性与兼容性好。高效、可靠、开放的通信子系统，保证了内部实时通信的可靠性、可扩展性和效率，同时真正实现了系统的开放性。此系统接口透明，提供二次开发能力，便于多系统的集成。此系统具备良好的故障诊断功能，能实时显示路口设备的故障状况，并能通过网络实现信号机的远程维护功能。此系统采用方案选择与方案生成相结合的实时优化算法，利用先进的预测及降级技术，使得系统对检测器的依赖性大大降低。交通信号机的 CPU 采用 32 位的芯片，控制功能强大。

北京奥运会和快速路交通信号控制系统的项目中标使海信信号机开始逐渐走向全国市场。经过长时间的积累，海信网络科技的信号机已经遍布全国各地，是继 SCATS、SCOOT 后广泛应用的国际第三大信号控制系统。

2014 年，海信交通信号控制系统被应用于青岛世界园艺博览会周边道路智能交通管理服务系统项目、济南市公安局交通警察支队交通信号升级改造工程项目、佛山禅城分局规范及升级交通信号灯项目、江门市蓬江和江海两区公安智能交通管理系统二期建设项目等。2015 年，此系统被应用于济南市公安局交通警察支队交通信号控制系统建设项目、寿光市智能交通三期工程项目、鹤山市智能交通系统建设项目、台山市智能交通系统建设项目、南昌市公安局交通管理局交通信号控制系统升级改造项目、保定市中心城区智能交通控制及诱导系统项目等。2016 年，海信交通信号控制系统被应用于济宁市公安局交通警察支队国省道交通安全智能管控系统、日照市公安局交通警察大队智能化交通管控系统、青岛火车站周边综合交通体系建设项目、武汉市东湖新技术开发区智能交通管理系统——

区域交通信号控制系统升级改造项目、西宁市城市公共交通智能化应用示范工程等。

目前，海信在国内市场已为 80 多座城市安装了交通信号控制系统，包括北京、青岛、济南、武汉、福州、厦门、贵阳、兰州、太原、银川、南昌、长沙、乌鲁木齐、西宁、长春、南昌、桂林、佛山、江门、淄博、烟台、镇江、苏州等大中型城市，取得了较大的行业影响和良好的社会效益与经济效益。

（三）深圳市格林威交通信号控制系统

深圳市区域交通信号控制系统始建于 1989 年。1999 年前后，针对深圳市高饱和度、高复杂度、高期望值的交通现状和规律性、可变性、随机性相结合的交通特征，深圳市交警部门提出研发格林威交通信号控制系统的需求。格林威交通信号控制系统于 1999 年年初投入研发；2001 年年中，信号机、线圈车辆检测器样机投入试点，运行感应控制；2002 年年末，系统平台上线试运行，实现绿波控制等功能，率先采用了 GPRS 无线联网；2003 年年末，信号机、车辆检测器升级为嵌入式平台，实现自适应控制、公交优先控制等，系统功能趋于完善。

随后，深圳市在 2003 年开始推广使用格林威交通信号控制系统。2007 年，该系统实现了瓶颈控制、近距离路口群控制等，2009 年实现了全程式倒计时在自适应控制中的应用，自适应控制路口达 105 个，感应控制路口达 38 个。近几年，主要通过绿波控制发挥效益，绿波控制的路口超过 76%。

格林威交通信号控制系统采用分布式控制模式、三层体系结构、多服务器协同处理。针对深圳市的交通需求和交通特征，采用了灵活有效的控制策略，平峰时段追求通行能力最大、高峰时段追求拥挤度最小。深圳市在格林威交通信号控制系统的开发过程中，对当时世界上应用最为广泛的日本 KAT-NET 系统、英国 SCOOT 系统、澳大利亚 SCATS 及其他系统进行了研究分析，旨在充分汲取上述系统的优点，摒弃局限性，走技术创新之路。格林威交通信号控制系统继承了 KAT-NET 系统识别交通状态的方法，采取了 SCOOT 系统临近预测的策略，引入了 SCATS 战术微调的手段，针对我国的交通现状和发展趋势，提出了基于交通状态识别下的多目标决策控制策略以及制订单路口自适应控制和路网区域协调控制相结合的综合解决方案。

格林威交通信号控制系统具有高度智能化自动控制的特点，即可自行根据交通流量的变化随时调整信号控制的相位与配时，以最大化提高路口的通行能力，降低机动车的排队长度和时间延误。除此之外，该系统还具有控制范围广、中央与路口无线联网、可扩展性和开放性良好、稳定性高、抗干扰能力强等特点。

格林威交通信号控制系统主要应用于以下方面：可变车道和可变信号灯的控制；倒计时指示；行人过街需求感应；借道左转的信号控制；潮汐车道信号控制系统的决策支持；与互联网大数据进行整合对比；能够实现信号调优和配时方案优化。

格林威交通信号控制系统主要在深圳和昆明使用，目前深圳市此系统总共接入约 2800 个路口，单机运行的路口有 235 个，联网控制的路口有 2500 多个，主要采用无线联网方式。车辆检测器注册设备有 4000 多台，深圳历史上的应用最高峰时期共有 500 余个路口实现了路口自适应控制。应用结果表明，该系统达到了设计目标和应用要求，有效降低了路网的行车延误，提高了通行能力，交通堵塞状况得到明显改善。另外，格林威交通信号控制系统通过与深圳交通的有效整合，针对人工智能的运算能力实现了全程交通流量的感知和控制模式的自主选择。

三、智能交通信号控制系统的发展动态及趋势

交通信号控制系统是城市交通管理的核心内容，是保障交通秩序、效率、安全的重要技术手段。传统的交通信号控制主要以视频、线圈、地磁等固定点检测器数据采集为基础，对信号配时方案进行优化与评价。交通信号控制优化模型与算法历经几十年的发展已较为成熟，这些算法主要包括感应控制、多时段控制、自适应控制等，在实际系统中已有广泛应用。

随着检测技术、大数据、云计算、人工智能、物联网、车联网等先进技术的发展以及计算机技术和硬件设备的不断提高，交通控制技术、模式、方法等的研究迎来了新的机遇和挑战，如何利用新的理论和技术进一步提升智能交通信号控制系统的实时性、动态性、精度和效率成为交通信号控制研究的热点。

目前，国内外已应用的信号控制系统大多是以优化定周期方案、优化路口绿信号配比以及协调相关路口通行能力为基础的，是根据历史数据和自动检测到的车流量信息，通过设置的控制模型算法选取适当的信号配比控制方案，是被动的控制策略。

应用核心软件即效益指标优化模型较多的是英国运输和道路研究所研制的 SCOOT 系统和澳大利亚 SCATS，它们是动态的实时自适应控制系统的早期代表，也是未来一个时期交通信号控制系统智能化发展的开发基础。

（一）数据来源的多样化

随着大数据、物联网、车联网等新兴技术的发展，智能交通控制系统的交通数据变得更加丰富、多样，"互联网＋"和车路协同等技术为交通信号控制提供了实时、准确的交通状态数据。其中，互联网公司拥有庞大的道路路网运行数据，包括浮动车轨迹数据、路况数据、城市地图数据，通过这些数据可以比较精确地计算样本车流量和流向占比，对交通信号控制系统是非常好的数据补充。车路协同则借助路侧系统、智能车和车联网等交通物联网关键技术获取截面的流量、车型、转向比等交通流参数以及运动轨迹、排队长度等线段数据，从而为交通信号控制提供必要信息。

1."互联网＋交通信号"控制

近年来，互联网企业开始逐步进军智能交通系统领域，开始广泛与传统智能交通企业、交通信号控制系统厂商、公安交通管理用户部门、高校科研院所等进行深入交流，并且开始引进传统智能交通行业人才，对他们进行业务领域的培训，继而滴滴的智慧信号灯、百度的智慧信号灯研判平台亮相，"互联网＋交通信号"控制逐步落地，并取得了一些阶段性进展，"互联网＋交通信号"系统架构如图 5-2-2 所示。

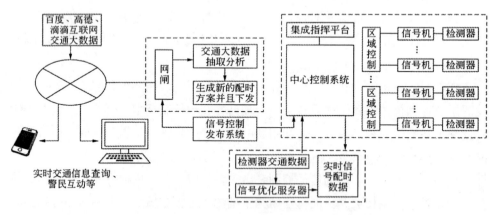

图 5-2-2 "互联网＋交通信号"系统架构

（1）发展动态

"互联网＋交通信号"主要定位于以互联网大数据为基础，利用互联网企业在云计算、人工智能等技术方面的优势对城市路网交通运行效率进行动态评价，并通过建立交通控制优化模型为点到线到面的信号配时优化提供服务。

随着互联网企业的加入，交通信号控制与优化也开始走向互联网时代。目前，以广州、济南、武汉等城市为代表的大多数城市都在积极探索"互联网＋信号控制"的新模式，以期为探索城市智能交通控制新技术提供新的解决方案。

2016 年，杭州市政府联合阿里云在内的 13 家企业提出建设城市数据大脑。城市数据大脑融合了视频结构化数据、高德地图数据、微波数据。目前，城市数据大脑已建成通用计算平台和数据资源平台，取得了全域事件感知、信号配时在线优化、特种车辆协同优先、重点车辆管控四大成果。通用计算平台由阿里云提供的 500 多台超级云计算服务器组成，对 800 多路监控视频实时进行结构化分析处理，已接管杭州 128 个信号灯路口，其中主城区 24 个、山区 104 个。

互联网企业除了与多个城市共同积极探索交通信号控制的新模式之外，还通过多种先进技术对信号灯控制技术进行研发，具有代表性的互联网企业的实际应用包括滴滴、百度等的智慧信号灯。

通过浮动车轨迹、地磁、卡口等数据可融合推导出路口的全景交通数据，将此数据输入优化模型中，通过调整参数可以仿真出不同优化方案实施后的交通通行状况，从而制订出最理想的优化方案。百度地图与大连交警着手开展"互联网＋智慧信号灯"的共建工作，在该市中山路进行智慧信号灯项目的试点工作。通过对试行后路口相关数据的统计发现，智慧信号灯能够有效缓解交通拥堵状况，减少停车次数，降低行车延误。

（2）发展趋势

第一，互联网数据与传统固定检测器数据融合。通过视频、卡口、地磁等传统检测技术获取的交通流数据准确率比互联网车辆轨迹数据的准确率更高，在检测设备及通信完好的情况下对定点断面的微观检测是精确的，准确率远高于互联网数据。但是传统检测器布设范围有限，且设备易损坏、受环境影响大，如果后期维护没有及时做好，则数据质量难以保证。互联网企业用于交通信号控制的数据主要为车辆定位及轨迹数据，为交通控制领域带来了新的数据来源，这些基于定位的宏观数据具有空间分布广、连续、稳定等特征，可以为解决信号优化问题提供新的技术手段。

第二，基于互联网数据的交通信号控制模型与算法。互联网企业在信号控制领域还处于逐步探索阶段，目前开展的研究与落地应用聚焦于单点及干线的信号控制与协调，还未拓展到区域及大范围交通信号控制与优化，且还不能进行自适应控制。这里主要的工作在于对典型交通评价指标的估计，如路段延误、旅行时间、流量、排队长度、停车次数等的估计，进而对绿信比、周期、相位差等交通参数进行调整，其优势在于可对配时方案进行快速迭代，从而提高配时方案与交通需求之间的匹配程度。

第三，互联网企业与交通信号控制系统厂商深度合作。目前，互联网企业与交通信号控制系统厂商的数据接口还没有完全打通。互联网公司希望交通信号控制系统厂商开放数据接口，充分发挥互联网企业的数据与技术能力优势，对交通信号配时方案进行实时评价与优化；而对于交通信号控制系统厂商，信号优化与评价原本属于自己的业务范围，不愿意简单向互联网企业开放数据接口而让信号机最终仅完成执行器的工作，商家需要互联网企业的数据，希望自己完成信号优化工作。而互联网企业也不想仅成为数据服务提供商。

"互联网+"是交通领域大的发展趋势，仅靠某一方的数据并不一定能发挥充分的作用，所以互联网企业与传统企业的结合是必然趋势。

2. 基于车路协同的交通信号控制

21 世纪以来，各级政府对智能交通的建设与研发日益重视，在快速发展的计算机、大数据、物联网和人工智能等理论与技术的推动下，我国智能交通领域多项产品与技术相继实现突破，并已得到成功应用。检测技术、预测技术、卫星定位技术、车辆识别技术、通信技术等先进技术的发展以及国家层面相关部委的高度重视为车路协同技术的发展打造了有利形势。车路协同技术已经成为智能交通的热点研究领域，也被逐步应用于交通信号控制领域。

（1）发展动态

车路协同系统通过先进的无线通信和互联网等技术，全方位实施人、车、路动态信息的实时交互，在全时空动态交通信息的基础上开展车辆协同安全控制和道路交通主动控制，保证交通安全、提高通行效率。作为引领未来智能交通发展的前沿技术，车路协同技术正在迅速发展，未来车路协同技术的全面实施可以采集到更为海量的多种类型的交通流及车辆信息，可以为交通信号控制的发展提供新的数据支撑。基于车路协同的交通信号控制系统结构如图 5-2-3 所示。

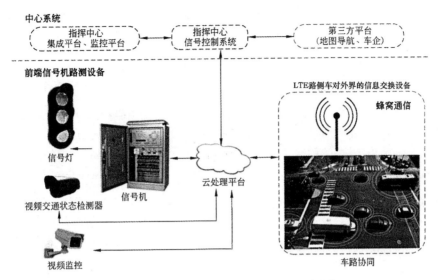

图 5-2-3　基于车路协同的交通信号控制系统结构

图 5-2-4 所示为我国车路协同发展历程。通过不断积累与发展，车路协同技术从基础的体系架构转变为交通安全、管控应用系统的实用化。此外，我国在基础交通信息采集、交通图像处理、交通诱导、不停车收费等方面都获得了较大的发展，为车路协同系统的研究打下了坚实的基础。

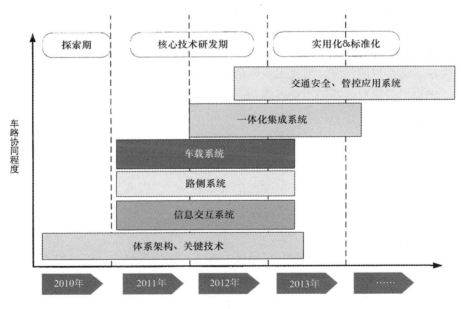

图 5-2-4　我国车路协同发展历程

2006 年，我国在"863"计划中设立了现代交通技术领域，并成立了中国智能交通协会，注重结合实际需求开展研发应用。

2010 年，国家确定车联网为"十二五"发展的国家重大专项。

2011 年，由多所高校、研究所、企业组织申请的"车路协同系统关键技术"主题项目通过了国家"863"立项，并于 2014 年 2 月通过科学技术部验收，该项目攻克了多项关键技术，并进行了车路协同系统的集成测试与演示，实现了 10 余项经典的车路协同应用场景，其中包括车路协同与交通信号控制的相互协调。

2015 年，随着"互联网+""中国制造 2025"等战略的实施，集运用大数据、云计算、智能移动互联、智能感知等技术于一体的智能车路协同系统已得到了政府部门、高校科研院所以及汽车生产和互联网企业的广泛重视，车路协同技术运用于交通信号控制的研究逐渐深入。

2016 年，在工业和信息化部支持下，"国家智能网联汽车（上海）试点示范区"、重庆"基于宽带移动互联网的智能汽车与智慧交通测试评价及试验示范区"的一期工程分别于 6 月、11 月举行了开园仪式，并正式投入运行，大力推动了车路协同技术在交通信号控制智能化和网联化的成熟与应用。2017 年，在无锡的世界物联网博览会上，公安部交通管理科学研究所、中国移动、华为、奥迪、一汽等联合进行了车路协同的展示。展示中，公安部交通管理科学研究所副主任何广进提出，在信号控制方面，车路协同系统需要获取道路上的交通状态，如将道路上静态的、动态的标志信息定向地发送到车载设备上，或者定向地发送到进入该区域道路上的车载设备上。本次展示是对 LTE-V 应用的首次示范，首次实现了交通管控设施接口的开放，通过无线网络向车辆提供实时信号控制机的交通信号状态、路口实时路况以及周边交通管制、交通事故等事件信息，真正做到了路口中心数据的实时交互。

总体来说，车路协同系统的研究起步较晚，基于车路协同技术的交通信号控制系统研究较少，成果及应用不多；而车路协同系统又能较快检测到道路实时交通状况，有利于及时优化、调整交通信号控制方案。因此，积极开展车路协同技术在交通信号控制领域的应用研究具有重要意义。

（2）发展趋势

第一，控制系统数据精度与可靠性。基于车路协同的交通信号控制系统的成功应用实现了高度依赖传感器数据的精度及可靠性。目前，GPS、北斗等民用定位系统的精度基本在米级，一般需要融合地基差分和惯性导航系统后才能实现车道级定位，在成本上还不能满足大规模产业化应用。此外，以传感器为基础的辅助定位技术也有较好的前景，如视觉导航、激光导航等技术，但这些技术都还需要有所突破。因此，如何提高车路协同下多源数据的精度与可靠性，使其能够很好地服务于交通信号控制将是未来研究的重点之一。

第二，多模式通信融合。目前，车路协同系统中的车车、车路通信方式呈现出多样化、定制化的特点，各国制定的通信标准也存在差异。不同的信息交互应用场景对通信和技术的要求不同，因此根据每种通信技术的优缺点和具体应用场景量体裁衣地选择通信方式，从单一模式走向多种通信模式互补与融合是未来车路协同系统服务于交通信号控制的前提。

第三，车路协同体系标准化。目前，我国的车路协同标准与技术接口仍未全部统一，很多企业都按照自己的标准或参考美国的标准来进行研究。标准的差异性极大地限制了车路协同的移植性和应用性，成为其被广泛部署的瓶颈。搭建的车路协同平台只有具有标准接口，才能广泛融合各独立平台。在与车路协同相关的交通领域，如何打通壁垒制定统一的数据交互标准，将这一强耦合解耦是推动车路协同应用于交通信号控制的最大难题，体系标准不完善必将影响车路协同技术的研发和推广应用。

（二）交通信号控制技术的智能化

随着我国国民经济的飞速发展以及城市化进程的不断加快，城市交通日趋紧张，交通堵塞与拥挤现象日趋突出，所以对交通信号控制系统的要求越来越高。目前，我国大多数城市的道路通行能力还没有被充分利用，而造成拥堵的主要原因之一就是缺乏先进的交通信号控制技术。因此，采用先进的交通信号控制技术、建立功能强大的交通控制系统成为解决我国城市交通问题的有效途径。交通信号控制技术的智能化成为近年研究的热点，深度学习的应用及联网联控的实施成为未来智能交通信号控制的发展方向。其中，深度学习支持远程监控及人工指挥调度，通过采用智能调度算法能够实现通行效率的提高，也能够减少等待时间成本、降低燃油浪费和环境污染；同时，基于深度学习的交通信号控制系统能够根据路口实时数据决策适应实时状况，不浪费绿灯时间，从而实现交通信号的智能化控制。而将交通控制信号接入统一的后台实行联网联控时，系统可通过交通流量数据产生配时的方案和周期，实现远程调控路口交通信号配时，实时解决路口拥堵问题，缓解交通压力。

1. 基于深度学习的交通信号控制

机器学习是人工智能领域的一个重要学科。自 20 世纪 80 年代以来，机器学习在算法、理论和应用等方面都获得了巨大成功。2006 年以来，机器学习领域中的深度学习开始受到学术界的广泛关注，到今天其已成为互联网大数据和人工智能的一个热潮，近几年不少专家学者就深度学习对交通信号控制的影响进行了研究，并将其逐渐应用于交通领域。

（1）发展动态

深度学习是一种通过多层神经网络对信息进行抽取和表示从而进行分类、检测等复杂任务的算法结构。深度学习技术从控制理论、统计学、心理学等相关学科中发展而来，其本质是解决决策问题，即通过试错学会自动决策。如果把由信号机、传感器、检测器等组成的交通信号控制系统当成一个智能体，将人、车、路当成环境，则通过如下方式就可以构造深度学习系统：传感器从环境获取观测状态（如速度、排队长度等）并传递给信号机，信号控制系统根据这些状态选择一个得分最高的状态动作执行（如当前相位保持绿灯或者切换成红灯），并对执行效果进行反馈（如采用排队长度作为回报函数），系统根据回报结果调整打分系统的参数，这样就形成一个循环过程，就能达到不断学习改进的目的。基于深度学习的交通信号控制原理如图 5-2-5 所示。

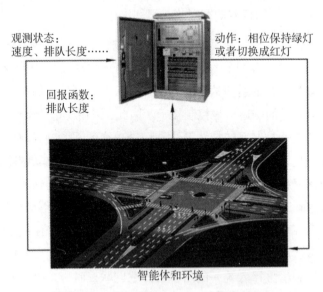

图 5-2-5　基于深度学习的交通信号控制原理

一方面，由于交通流预测是交通管理部门采取交通控制措施的主要依据，也是智能交通系统研究的核心问题，国内外专家学者开始利用深度学习理论进行交通流预测研究，以期解决交通信号控制系统中难以进行实时、准确的流量预测的问题。长安大学罗向龙等依托交通运输部重大科技专项基金项目研究了基于深度学习的短时交通流预测，提出了基于深度信念网络（Deep Belief Network，DBN）的短时交通流预测模型，利用差分原理对输入的交通流数据进行预处理以消除数据趋势项；通过深度信念网络模型对输入数据进行特征学习，经过无监督的逐层特征训练和有监督的参数微调，抽象出交通流的本质规律，并以此作为新的训练和测试样本输入顶层的支持向量回归模型进行预测，对预测结果进行反差分析，得到预测路段的交通流预测值。

另一方面，基于深度学习的智能交通信号控制系统研究也逐渐成为智能交通领域的热点。2017年1月，第五届中国国际智能交通展览会（ITS CHINA）在北京召开，广州欧齐电子科技有限公司研发的基于深度学习的智能交通控制系统引起了与会专家学者的高度关注。该智能交通控制系统拥有19项功能，能够有效减少路口等待车辆数量和车辆等待时间，这对于减少城市污染具有重大意义。

传统配时方式无法很好地适应实时路况的变化，这主要是因为传统配时设置大多依靠经验，缺乏实时交通数据采集和决策，没有数学模型支持，也没有通行效率评估模块。若没有远程人工指挥调度、远程监控功能，以及交通拥堵自动检测和报告功能，则路口浪费的时间会造成额外的等待时间成本、燃油消耗和环境污染。而基于深度学习的智能交通控制系统能很好地规避以上传统配时的缺点，同时拥有了更多的独特技术和功能：采用智慧调度算法实现最高通行效率，减少等待时间成本、燃油消耗和环境污染；根据路口实时数据决策适应实时情况，不浪费绿灯时间；支持远程人工指挥调度；支持远程监控；交通拥堵自动检测和报告；稳定，易于维护，设备故障自动上报；工期短，成本低；支持包括传统配时在内的多种调度策略。

（2）发展趋势

第一，强化学习应用。随着车路协同、高精度定位和车联网等技术的发展，以强化学习为代表的深度学习必将在交通信号控制中发挥重要的实战作用。强化学习是一类算法，是指从环境状态到行为映射的学习，以使系统行为从环境中获得的累积奖励值最大；在强化学习中，人们并没有直接告诉主体要做什么或者要执行哪个动作，而是主体通过观察哪个动作获到了最多的奖励以自己发现规律。试错搜索和延期强化是强化学习方法最重要的特征。

未来，在实际部署交通信号控制的深度学习系统时，需要一定形式的强化学习，这可能会成为一个必不可少的流程。除此之外，人们将会看到强化学习越来越多地用于深度学习训练。

第二，学习模型优化。深度学习模型中最重要的是打分，分打得不好，优化会走向相反的方向。一些具有代表性的信号企业已经在部分地区部署了高精度定位系统，可以做到整个城市车辆"厘米级"的定位，在这种情况下，车辆在哪个车道、在车道的什么位置都可以定位得到，道路的网格化、矩阵化也就成为可能。

虽然深度学习自问世以来，其模型已经取得了很多改进，但是依靠交通工程专家建立恰当的模型，并且解决自动打分问题，无论是现在还是未来，都是交通信号优化控制现实应用中需要重点考虑的问题。

2. 智能交通信号联网联控

面对当前日益复杂的交通环境状况，目前的交通信号控制系统已经不能满足需求。当一条路段、一段隧道或者一个交叉路口发生交通事故，影响了正常的交通运行时，不仅本路段的交通信号机需要采取相应的管理、指挥和调度改变，而且与本路段相关的其他路段的交通信号机也应及时地做出相应的改变，诱导相关路段上的行驶车辆绕路行驶，减少事发地点的交通量，以利于交通管理部门处理交通事故或做一些紧急救援。这就要求城市交通信号控制系统能够实时动态地掌控一个区域内或者一个城市的交叉路口的所有交通信号机，从而进行跨路段、跨区域的协调控制，继而对交通信号机进行联合控制。

联网联控交通信号远程控制系统，顾名思义，联网是手段，联控是目的。其核心是控制区域内或城市的交通信号机能进行区域协调控制，解决交通拥堵问题，使得交通信号控制越来越智能化。

（1）发展动态

交通信号控制方面建立了面向多目标的交通信号均衡控制技术，包括数据驱动下的城市路网控制节点协调联控技术、过饱和状态下城市主干道协调控制技术、城市路网干线常态运行动态寻优控制技术、基于车路信息交互的交叉路口优先通行控制保障技术等。数据驱动下的城市路网控制节点联网联控如图 5-2-6所示。

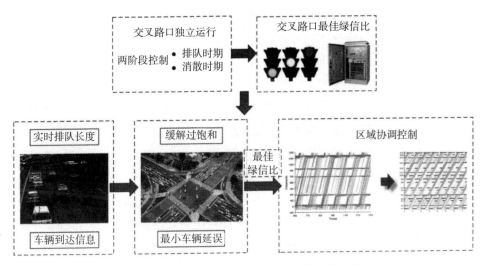

图 5-2-6 数据驱动下的城市路网控制节点联网联控

多模式联网交通信号控制终端主要包括：多元数据驱动的交通信号实时优化控制机、多模式互反馈交通信号控制器、信号机联网联控中间件等设备，可模块化配置接入线圈、视频、微波、地磁等的多种交通流检测器，具备单点多时段定时控制、感应控制、协调控制、实时优化控制、特勤优先控制、公交信号优先控制、可变车道控制、故障检测与报警等功能。

道路交通联网联控信号控制系统主要包括：交通信号协调实时优化控制系统、多目标交通信号联网联控系统、基于交通需求的实时协同控制系统、交通信号优化远程决策支持系统等，具备交叉路口信号机远程实时控制、在线故障诊断、干线协调控制、瓶颈路口拥堵识别与控制等功能，联网联控节点数超过 500 个，信号控制策略生成和响应时间小于 30 s，路口状态识别误判率不超过 10%。

在应用区域重点示范集聚出行区域的交通干线协调、关键路口渠化与控制等动静态一体化交通设计技术；完善建设多个路口处的流量检测控制，构建智能联网联控平台。示范工程有效提高了应用区域的科技管控水平，平均车速有所提高，停车次数有所减少，行车延误也有所降低，从一定程度上延缓了交通拥堵加剧的趋势。

（2）发展趋势

第一，多种手段联动集成。受控制策略的约束，传统信号控制技术及控制系统只能针对城市动态交通流优化信号控制方案，缺乏多种交通控制手段之间的有机联动，且其控制理念也仅是重新配置既定交通需求，未能均衡和限制交通需求。

以先进的信息检测及数据处理技术为基础，以网络整体运行效率最优为目标，通过动静态协同管控与连续流和间断流协调控制，集成利用多种控制技术，必能大幅提高城市路网的运行效率，缓解城市交通拥堵，改善居民出行环境，减少城市由交通拥堵造成的经济损失。

第二，优化控制实时反馈。随着大数据、车联网、物联网等技术的快速发展，基于卫星定位技术的检测、基于车牌识别的检测及基于电子标签的检测等技术能使信号控制系统从原来的"单项数据输入—模型优化—信号输出"过程转变为可以反馈的"数据输入—模型优化—信号输出—效果评价—模型反馈"过程，可获得的实时数据越来越多，交通控制设备与车辆将实现无缝衔接，交通安全、效率、排放、油耗等将达到综合最优的水平；充分利用微处理器技术，考虑控制中心平台与主控制机、信号控制机的分工协作，将一些交通流信息分析、短时预测、配时参数的优化等工作交给智能化日渐增强的交通信号控制机，使系统的实时性、可靠性等进一步提高。

第三节　交通突发事件应急管理系统

一、交通突发事件应急管理系统概述

交通突发事件应急管理系统用以提高对突发交通事件的报警和反应能力，改善应急反应的资源配置。应急管理系统是一个涵盖应急管理全过程，包括应急准备、监测预替、应急响应（应急指挥）和应急恢复，由应急需要的组织机构、人员物资的储备与运输、通信设施等构成，运用各种技术手段，以期有效预防和处理突发事件，减少损失，从而恢复社会稳定和公众对政府信任的动态系统。交通应急管理的总目标是：在交通事件发生前采取预防措施，降低和避免异常交通事件的发生；在发生交通事件时及时采取合适的应急救援措施，使人员伤亡和财产损失降到最低，并尽量降低事件产生的交通延误等影响，在最短时间内恢复到正常交通状态。

二、交通突发事件应急管理系统的组成及功能

交通突发事件应急管理是交通安全管理工作的重要组成部分，可以明显提高交通安全性和运营效率。交通突发事件应急管理是一项系统性的工作，其涵盖的

内容包括：突发事件预警、突发事件检测、突发事件分析、突发事件决策、突发事件评估、预案管理等。每一个环节都关系到应急管理的效率和效果。交通突发事件应急管理系统的总体框架如图 5-3-1 所示。

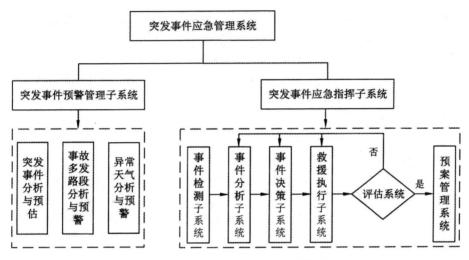

图 5-3-1　交通突发事件应急管理系统的总体框架

（一）突发事件预警管理子系统

突发事件预警管理子系统的主要功能包括对即时存在的交通状况和现实环境进行数据挖掘与信息采集，找出交通事故的分布特征及其形成的原因和影响因素，如恶劣气候下的交通安全管制、交通事故多发地段的风险等因素，预警管理子系统要即时监测到这些风险因素，并向交通安全管理部门发出预警，相关部门及时采取预警方案，最大可能地防止事故发生。

突发事件预警管理子系统的工作模式包括：交通事件处理及预估模块、事故多发路段分析及预警模块、异常天气分析及预警模块。突发事件预警管理子系统工作模式如图 5-3-2 所示。

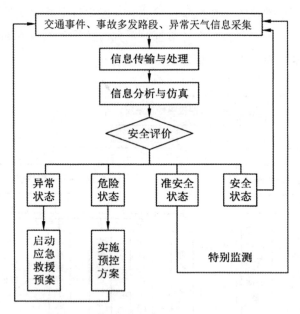

图 5-3-2　突发事件预警管理子系统工作模式

突发事件预警管理子系统工作的开展是建立在对所管辖路段交通运营指标的监测基础上的。管理部门根据获取的信息，通过识别、诊断、评价各交通现象确认监测指标处于哪种状态（异常、危险、准安全或安全状态），以实施相应的控制对策。当监测指标处于安全状态时，继续进行日常监测；当监测指标处于准安全或危险状态时，预警部门根据具体情况或指示进入特别监测阶段，或提出预控对策并由决策层或调度部门下达执行，直至恢复到安全状态，同时调度部门将对策方案输入对策库供将来参考；当监测指标处于异常状态时，整个道路管理组织进入应急救援程序，此时启动应急预案直至道路运营重新进入安全状态。

（二）突发事件应急指挥子系统

城市交通突发事件能否被及时检测是交通应急管理中需要首先解决的问题，事件检测子系统用于实现检测并确定事件性质，它是集成各种检测方式、监测设备（如视频监测设备、微波检测设备、浮动车信息采集设备），与相关信息部门协调，收集有关气象、道路环境、交通流状况（如交通流量、流速及区间行程时间）等信息，以及时预测、发现、分析突发事件的发生地点、规模及发展趋势，为应急反应决策及指挥提供可靠的依据的系统。事件检测技术是事件检测子系统的基础，它不仅关系到监控系统（硬件部分）所起的作用能否充分发挥，而且对事故的处理也具有极重要的意义。例如，对事件发生后的快速检测、采取相应的交通控制措施、快速处理事件、降低事件损失、防止二次事件发生等，都与事件的检测算法有着直接的关系。

事件检测子系统检测到所发生的和将要发生的交通突发事件后，原始的事件信息以及事件地点的环境信息、交通信息被汇总到事件分析子系统，进行进一步的过滤和分析。在事件分析子系统内部要对事件的类型、严重程度、导致原因等因素进行判别，并对事件造成的瓶颈处的通行能力的下降程度、可能造成的阻塞及其扩散程度等进行分析和预测，从而为下一步的事件决策提供基本的依据。

事件分析的过程是事件确认的过程。因为在事件检测过程中会有一定的误报率，同时事件检测所提供的事件属性数据可能很不全面，因此事件分析首先要对事件的有无进行判断，而后需要借助各种预先设计的模型和预案以及专用的数学算法对事件进行归类分析，最终得出事件的特征、严重程度、影响指数等重要参数。当事件检测子系统提供的数据不够完善或有残缺时，还需要运用数据挖掘技术和数据融合技术对事件的属性数据进行进一步的处理。

决策分析是交通应急管理的难点，负责生成救援方案并通知相关部门派遣救援资源。决策分析利用事件检测子系统采集的信息以及事件分析子系统的初步结果生成救援策略，包括车道控制策略、匝道控制策略等。这些策略生成时应考虑相关路网的通行能力、各路段通行能力之间的匹配、各路段的预测行驶时间，同时应通知相关救援部门实施事故救援过程。事件检测子系统生成的预案内容应包括：应急机构的组成和职责，应急通信保障，抢险救援人员的组织和资金、物资的准备，应急、救助装备的准备，灾害评估准备，应急行动方案。在预案的基础上指定事件救援所需调用的部门、明确各部门的职责及权限、确定应急救援所需设备（如医疗器械、消防设备、车辆牵引起吊设备等）、制定救援实施的具体步骤、提出应急交通的控制方案、为救援车辆开通绿色通道、提出交通诱导的策略等。在收到信息系统的应急信息报告后，通过资源数据库和专家辅助决策系统对突发事件的类型和严重程度进行分析，然后启动相应的突发事件处理预案进行救援，为相关部门提供至事发地点的最佳路线，并通过通信系统下达应急救援指令。在突发事件现场根据遥感图像、视频影像和反馈信息随时响应和调整应急救援措施，根据不同的救援需求和各职能部门的分工向各相关部门通报事故及救援需求信息，协调组织救援工作。

救援执行子系统协调各救援部门收到突发事件通报后根据决策系统的预案进行分工，按部就班地进行突发事件处理和组织救援。交通指挥部门对现场实行必要的交通管制，根据事件决策子系统提供的绿色救援通道和交通诱导方式协助其他部门以最快的速度实施应急救援，在最短的时间内排除突发事件，并将事件发生情况、各救援部门的需求变化及时反馈给事件决策子系统，以便应急系统能够及时修正应急救援方案，从而更好地实施应急救援工作，使道路网交通更快地恢复正常。

（三）突发事件应急管理效果评价子系统

这是城市交通突发事件应急管理系统的一个重要内容。通常情况下，人们大部分努力和时间都花在突发事件的控制上，而效果评价能够帮助人们从以往的事故处理中总结经验。城市交通突发事件应急管理效果的评价步骤如下。

①明确系统目标，熟悉应急管理方案。

②分析系统要求，根据评价的目标，集中收集有关资料和数据，对组成系统的各个要素及系统的性能特征进行全面分析，找出评价项目。

③确定评价指标体系，科学、客观、全面地考虑各种因素，是道路交通危机管理正常运行的前提，也是在相关理论指导下建立的新评价指标体系。

④制定评价结构、评价准则，对所确定的指标进行量化处理并使之规范化，确定各指标的结构与权量。

⑤确定评价方法，常用的评价方法包括单项评价和综合评价。

突发事件应急管理效果评价子系统的主要功能是对交通突发事件解决的效果进行评价，通过救援执行过程，交通突发事件或者被及时解决，或者没有获得有效的解决，或者根本没有起到减少事件损失的效果，这些都需要通过效果评价子系统进行具体的评价，评价的内容包括对事件本身的评价和对事发路段交通状况的评价。如果评价结果没有达到规定的要求，则将不符合要求的信息反馈给相应的子系统（包括事件分析子系统、事件决策子系统和救援执行子系统），然后重新进行分析、决策和救援。如果评价结果达到规定的要求，则对此交通突发事件进行结案处理，将整个事件的相关信息（如事件发生时间、地点，事件类型、严重程度，应急方案，事件延续时间，消耗的应急资源，应急效果等）录入城市交通突发事件的预案管理子系统，形成历史案例数据库，为以后的交通突发事件管理提供有用的参考。

第六章　智能交通的未来——智慧城市

本章主要讲述的是智能交通的未来——智慧城市，分别介绍了智慧城市概述、智慧城市背景下的新兴交通服务、智慧城市未来研究方向三方面的内容。作者期望通过本章的讲解，能使读者对相关方面的知识有更深的理解。

第一节　智慧城市概述

一、智慧城市的概念

智慧城市是通过将互联的数字化基础设施和服务系统（如能源设施、出行系统、医疗系统）通过不同的通信技术、实时数据采集设备、数据分析和智能化平台等进行整合，以提高城市服务效率和居民生活质量。在智慧城市中，通信基础设施、计算资源、传感基础设施和数据分析基础设施（称为物联网）构建了信息物理系统的基本框架，支撑经济、政治、社会、文化和城市活动正常运行。图6-1-1描述了智慧城市的组成，其中包括智能交通。根据智慧城市系统的部署成本、可用资金和技术成熟度，可以实现智慧城市基础设施和服务系统的任意组合。智慧城市系统的成功部署应用依赖于革新技术的开发部署和应用，运营过程中广泛充分的交流协商、动态领导，以及高效的资源管理。根据所能获取的资源，世界上许多城市都在规划建设不同规模的智慧城市项目。图6-1-2总结了西方部分城市的智慧城市基础设施和服务系统。

图 6-1-1　智慧城市的组成示意图

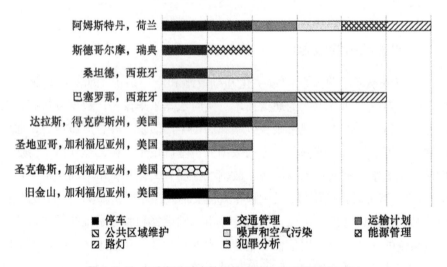

图 6-1-2　西方部分城市的智慧城市基础设施和服务系统

二、智慧城市的主要特征

不同智慧城市基础设施和服务系统的功能是不同的，但它们也有许多共同的特点。下面将讨论几个主要特性。

（一）智能传感设施

智能传感设施是智慧城市系统的重要组成部分，包括能源、交通、建筑、医疗、环境和公共安全等。智慧城市系统中应用了多种传感器技术，主要用于实时监测系统特征。分布式传感器网络的数据用于判断系统的当前运行状态，如交通走廊或城市路网的道路交通状态等。

1. 常用传感器或技术

（1）线圈

线圈用于测量交通流、车辆通行状态及速度、车辆类型，以及检测交通事故。

（2）微波雷达

微波雷达用于检测车辆流量、速度和有无车辆通行，车载雷达也支持障碍物探测和自动巡航控制。

（3）红外传感器

红外传感器用于测量车辆的反射能量，并识别车辆类型和车辆特性。

（4）专用短程通信无线电

专用短程通信无线电是一种双向的车与车通信技术，可以将车辆的关键安全信息共享给附近的车辆。

（5）摄像头

摄像头与交通信号一起用于交通监控（如状态检测）。基于视觉支持的摄像机用于车辆检测，甚至用于自动驾驶车辆障碍物的检测。

（6）激光雷达

激光雷达用于自动驾驶车辆障碍物（如其他车辆、行人、道路固定物）的检测，并在道路复杂环境中进行导航，保证安全行驶。

2. 其他系统用的传感器

（1）智慧能源网络系统传感器

①智能电表将不常用的消耗和使用数据传输到控制中心，以获得适当的响应。

②关卡设备安装在电源线上，在中断的情况下发送详细的状态消息。

③天气传感器用于监测天气状况和传输线的温度。

（2）智慧供水调度系统传感器

①自动智能水表与智能电表类似，这些水表可以监测耗水量，并将异常耗水量通知控制中心。

②压力表用于监测管道的状况，识别预防性维护和防止破损。

③温度传感器用于监测水温，检测可能的破损并通知控制中心。

（二）大数据基础设施和数据分析能力

智能系统配备了大量的传感器来监控不同系统组件的运行状态，从而会产生大量的不同格式的数据（如文本数据、视频数据、结构化或非结构化数据），因此大数据基础设施和数据分析工具是智慧城市基础设施的重要组成部分，通过采集分析数据实现智能化。大数据分析可以分为三个阶段：数据生成和获取，收集具有不同时空特征的异构数据；数据管理和处理，包括数据分析和基于数据分析的决策；应用，包括获取知识所做的初始动作。许多城市已经在建设部署云基础设施，对智慧城市的各种基础设施系统数据进行存储、处理，开发辅助决策。

人工智能基于数据分析的解决方案已经被广泛应用于大数据分析，即利用人工智能算法开发数据驱动的模型，在大量可用数据中发现有效的模式。很多网站或公司（如在线购物类网站、信用卡类公司、金融和投资类公司）都在利用人工智能进行大数据分析，并且基于分析进行实时决策。例如，INRIX 利用大数据驱动的分析技术进行人口分析，使用大量的匿名移动电话和 GPS 设备数据点进行交通运行的分析。伦敦的交通管理部门使用数据分析平台来进行实时交通流和交通密度的监测，并进行实时交通管理和决策规划。所有智慧城市项目都必须考虑大数据问题带来的挑战，并不是所有的城市都有足够的经验和资源，云计算供应商会提供一些大数据存储和分析平台，如亚马逊和微软是目前全球最知名的云服务供应商，可以为智慧城市提供可部署的解决方案。

（三）通信技术

智慧城市的分布式网络中安装部署有大量不同类型的传感器，用于监控流量、收集天气数据，或用于对能源网络进行监控。可靠的通信技术和网络基础设施是连接大量传感器并收集数据信息的关键，根据传感器与关键基础设施组件之间距离、吞吐量和延时的要求，就要根据具体需求使用不同的通信技术，这些技术可能包括有线和无线通信的组合。下面简要介绍几种关键的通信技术。

1. 光纤

光纤是通信网络中应用最广泛的骨干通信基础设施。光纤是利用光脉冲将信息从一个地方传输到另一个地方，光纤的优点是高带宽、低衰减、低干扰、高安全性和长距离传输。

2. Wi-Fi 无线通信

智慧城市也在部署应用基于 Wi-Fi 无线通信基础设施的连接，然而，Wi-Fi

无线通信有自身的缺点，如覆盖范围有限、宽带范围限制在25～200 Mb/s。在智能交通系统基础设施中，Wi-Fi网络被应用于车与车、车与智能基础设施（如路灯、信号灯等）的连接。

3. 移动通信

随着智能手机的普及和蜂窝通信技术的演进，蜂窝通信设施在智慧城市中扮演着越来越重要的角色。蜂窝网络覆盖范围广、带宽大，许多创新的交通服务如拼车服务等都需要蜂窝网络进行跟踪定位。网联式自动驾驶车辆依靠车与车通信来完成相关功能，这就需要一个快速、可靠、低延时、广域的网络系统提供支撑，那么5G可能会成为未来交通系统的关键通信技术。尽管5G在网联式自动驾驶领域的应用还处于研发阶段，但在实验测试中的性能是有前途的，5G的延时为0.001～0.01 s，这满足了网联式自动驾驶0.02～1 s的延时要求。

4. 专用短程通信

专用短程通信是一种中短程无线通信技术，主要应用于智能交通系统中。它是实现低延时和高数据传输任务的关键通信技术之一，可以应用于网联式自动驾驶汽车。可指定许可带宽、网络采集快速、低延时、高可靠性和互操作性是专用短程通信的关键特性。

智慧城市系统需根据智慧城市应用需求，对不同的通信方式进行评估，最终确定合适的性能指标（如通信范围、带宽、延时、成本），表6-1-1对这些不同通信技术的特征进行了比较分析。

表6-1-1　不同通信技术的特征比较

通信方式		范围	带宽	数据传输速度	备注
光纤有线通信		不适用	190～200 THz	10～1000 Gb/s	速度最快
Wi-Fi		46～92 m	2.4～60 GHz	0.011～1 Gb/s	相对更快，对用户更友好
蜂窝无线通信	3G	取决于承载网络	1～5 MHz	3～15 Mb/s	版本较老
	4G		10～20 MHz	50～100 Mb/s	比3G传输速度快，低延时
	LTE		最高100 MHz	> 300 Mb/s	先进版本
	5G	> 5 km	100 GHz	1～10 Gb/s	最可靠的无线通信技术
专用短程通信		30～300 m	5～6 GHz	3～54 Mb/s	应用于车辆与基础设施之间、车与车之间

三、智慧城市系统

信息化与城市化的融合已到了新的发展阶段，这要求融合必须更系统、更整体、更智能。智慧城市建设迫切需要从自发走向自觉，从局部、零星、条条走向系统，从只收集、储存信息走向更高、更广泛、更智能化的运用，从公共服务走向更多的商业运作，从技术设施走向增值服务，从相对杂乱、参差不齐走向标准化。这就需要有整体的发展规划、蓝图和思路。各个城市信息化工程建设的实践证明，不管是信息化建设还是智慧城市建设，一套科学合理、准确完整的顶层设计极为关键。如果没有一套整体性的顶层设计，那么不可避免会陷入各个部门各自为政的格局，最终形成信息孤岛。在构建顶层设计时，一定要建好智慧城市的系统架构。智慧城市的系统架构是智慧城市建设的核心，它直接关系到智慧城市建设的关键环节，对智慧城市建设有着全局指导作用。

虽然智慧城市最初的目标是提供智能交通服务，但是现在智慧城市的概念也得到了延伸，城市其他基础设施和服务系统也成了智慧城市的组成部分，智慧城市系统已经成为一个真正的"系统之系统"。根据波普尔（Popper）等的观点，"系统之系统"是一个面向任务或专用系统的集合，它把资源和能力汇聚在一起，以获得一个新的、更复杂的"元系统"，与简单地将系统汇集在一起相比，"系统之系统"提供了更多的功能和更好的性能。不同的"系统之系统"的组件之间存在大量的交互作用，下面从"系统之系统"的角度介绍智慧城市主要的服务系统和基础设施。

（一）交通系统

交通信息物理系统是智慧城市中最关键的分布式基础设施。为提供安全、高效、可靠的货运和客运服务，现代交通运输系统已经发展成为一个灵活和智能化的平台，该系统需要车与车、车与人和车与基础设施等技术的支撑，以及不同等级的无人驾驶汽车、通信和计算基础设施。智能交通系统总体示意图如图 6-1-3 所示。

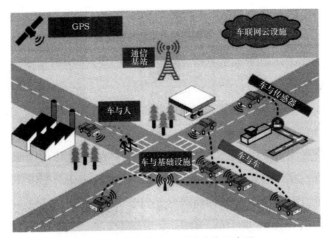

图 6-1-3　智能交通系统总体示意图

智能交通系统的主要组成包括以下几个方面。

1. 智能汽车

虽然传统车辆上配备了数百个电子设备，形成了车内的信息物理系统，但是车辆无法与其他车辆或交通设施进行通信交流，先进的车辆模型会配备更多的传感器来保证车的安全性和机动性，涉及的系统包括紧急制动系统、盲点监测系统、自适应巡航控制系统、后方横向交通预警系统、车道偏离预警系统等，这些系统具备的功能显著提高了车辆的安全性和机动性。除了这些系统，一些高端车型使用云服务来支撑车辆驾驶辅助系统，如宝马网联应用程序将基于云的实时交通信息发送给车辆，提供预测性的旅行时间数据，以便进行调度和规划。这个应用程序还可以自动存储驾驶员的出行模式（如每天早上 8：00 上班、下午 2：00 接孩子）、起始点和目的地，以最大化提升用户体验。

随着技术的发展，专家预测自动驾驶汽车在未来十年的需求将越来越大，自动驾驶汽车融合了多种传感技术（如激光雷达、摄像头）、导航系统、运动规划算法和控制系统等，用于无人驾驶的乘客和货物运输。传感器可以识别车辆行进路线上的任何障碍物，导航系统可以从起点到目的地进行路径规划。例如，路径规划时可以根据其他车辆的位置信息、感知的障碍物和通往目的地的路线，提供详细的行车建议，包括车道保持、变道、制动、加速、转弯等细节信息。现在的自动驾驶车辆并不依赖于车与车和车与基础设施的通信，预计未来这些技术将是自动驾驶车辆感知周围环境信息的重要方式，这些环境信息的获取单纯依靠车辆感知系统是无法做到的。

2. 智能交通基础设施

除了基于车辆的先进技术，交通基础设施也在发生变化。交通基础设施运营管理机构已经部署了感知、采集设备，提供交通状态评估和预测技术，以提高交通的安全性、机动性和环境性能，智能交通基础设施的部署安装将加快自动驾驶、网联汽车的发展。许多城市和地区已采取多种方式部署智能交通基础设施，如电子收费系统、自适应信号控制等。电子收费系统已在世界各地部署，以减少拥堵，使得车辆快速通过收费站。图 6-1-4 所示为一个典型的电子收费系统示例，其包括六个主要部分。编号①：进入收费区和触发收发器。编号②：收发器与车载应答机建立联系，获取日期、时间和通行费等信息。编号③：摄像头拍摄车前牌照，车辆通过第二道激光束。编号④：触发第二个摄像头。编号⑤：第二个摄像头拍摄车尾牌照。编号⑥：从驾驶员的账户中扣款，或者通过其他方式，如网站或银行支付。

图 6-1-4　电子收费系统示例

3. 智慧云服务

基于云的交通服务已经有很多应用（如 Waze 路径规划），并将在智慧城市基础设施和服务系统中扮演重要角色。智能汽车和基础设施中的传感器采集到的大量数据，而数据的处理需要巨大的计算资源，这可以由云服务提供支持。云计算已经应用于存储、处理和分析各类交通数据（如车辆状态数据、天气和路况数据、实时交通信号相位数据、社交媒体数据）。当前云计算也应用于许多交通应用程序中，如自适应信号操作、实时交通状况评估和预测应用。宝马推出了智能手机App——"EnLighten"（启发），向选定车型的驾驶员传递实时的交通信号信息。该应用程序通过云基础设施城市交通管理系统的数据进行融合，与驾驶员共享特定路段的交通信号数据。驾驶员通过使用智能手机上的 GPS 应用程序精确定位任何即将到来的信号,并分析车辆与信号之间的距离。而有了这些信息,应用程序会告知驾驶员是否可以保持相同速度行驶,或者是否需要减速。该应用程序通过使用基于云服务的数据收集、处理和分析,实现无压力驾驶。

(二)能源基础设施

能源基础设施是保障智慧城市基础设施实现正常运行的最关键系统之一,因此,能源信息物理系统的智能、弹性和高效运行对智慧城市的繁荣发展至关重要。新兴的智能微电网技术将有助于提高能源效率,德国的智能微电网是智慧能源系统的一个案例。即通过多种能源(如太阳能电池板发电、风力发电和沼气能)的综合利用,能够生产超过 5 倍的能源需求。在美国,亚利桑那州公共服务已经开始了一个试点项目,在 1600 户家庭的屋顶上安装双向微电网太阳能电池板,以产生 10 MW 的可再生能源,这个项目是亚利桑那州公共服务和西门子的合作项目,每个家庭都会因向公用系统提供多余的电力而获得收益。

由于运输部门一直被认为是能源消耗的主要部门之一,也是温室气体排放的主要来源,为了降低运输部门能源消耗对环境的影响,交通电动化成了许多工业化国家的一个主要发展趋势。例如,英国提议在 2040 年之前禁止销售新的汽油车和柴油车,法国、印度、德国和中国等国也都考虑过类似的提议。交通电动化促进了环境友好型电动汽车的发展,电动汽车可以大规模降低碳的排放量。电动汽车在运行过程中不排放任何温室气体,发电厂也应该更高效节能。在智慧能源系统中使用更多的绿色能源,可以有效减少整个交通运输的碳排放。

智慧电网技术通过与其他基础设施(如电动汽车无线充电设施)的通信,为智慧城市系统带来了新的发展维度。一些城市甚至考虑将路灯用作电动汽车的充电站。未来一些革新的理念,如车辆到电网的双向能量流可能会是一个新兴的服务,这一服务不仅包括电动汽车通过电网进行充电,电动汽车也可以在电网需求高峰时将电从电动汽车回流到电网。例如,得克萨斯州最大的电力分销和传输公司,推出了一款智能太阳能微电网平台,该平台有四个独立运行的微电网组件,可以自我诊断任何故障(如发电机故障),并可以随时重新配置,自动通知用户。为了便于管理,可以采用分布式管理系统来连接系统的各个子域。在智慧电网的概念中,通信网络是能源基础设施的核心。图 6-1-5 为智慧电网的网络架构。

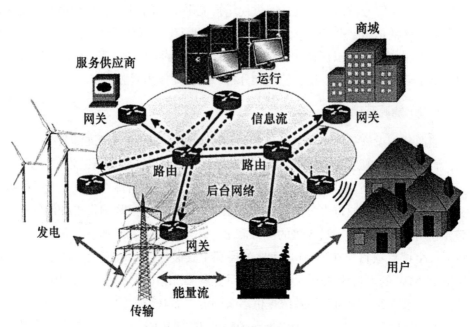

图 6-1-5　智慧电网的网络架构

（三）医疗服务

提高医疗服务水平是智慧城市服务的一项重要功能。由于资源有限，需求日益增长，医疗服务必须采用先进的技术，将传统医疗与创新科技如智能生物传感器、可穿戴设备、远程操作、信息及通信技术等融合在一起，以提高医疗系统的效率。智能交通基础设施可以赋能智能医疗保健服务，使医疗保健受益。例如，卢森堡已经成为第一个准备部署车辆紧急呼叫系统（eCall）的欧盟国家，交通运输是车辆紧急呼叫系统正常运行的关键因素。此系统是一种新的紧急呼叫系统，它使用泛欧"112"紧急电话号码手动或自动地接听电话，在车辆碰撞后激活车内传感器。车辆紧急呼叫系统车载传感器自动检测到碰撞后，车辆单元立即向呼叫中心发送消息，呼叫中心的操作员检查碰撞数据和车辆位置信息以制订应对计划。智能交通系统提供实时交通预测（如拥堵现象），应急单位在短时间内到达事故现场。此外，操作员可以与车辆的乘客交谈，获得更多信息（如乘客人数、碰撞损伤程度），并安抚这些人，告知他们救援人员的当前状态。

智能医疗技术体系包括以下特点：射频识别实现了智能识别；实现了数据高度融合，优化了数据存取流程；医护流程处理向移动端迁移，实现了医疗移动化；减少了医疗差错和事故，提高了工作效率；实现了以患者为中心的理念；简化了流程，减轻了医护人员的工作量；提高了医疗资源的利用率；智慧医疗药品管理系统采用射频识别技术解决了药品器械的全流程化管理。

　　智能医疗还有许多其他好处。例如，利用辅助技术（如智能可穿戴设备和智能传感器），老年人可以在不影响其社交活动和医疗需求下，在自己的住所独立生活。维奇亚（Vecchia）等认为，射频识别和图像传感器可以用来构建未来智能医院基础设施。原型系统将由客户端、中央服务器和集成射频识别与图像传感器的定位系统组成。通过服务器，医务人员可以查看患者的临床报告、位置和移动路径。利用无线射频识别和图像传感器技术，医院还可以限制未经授权的人员访问。医疗系统中的智能服务集成如图 6-1-6 所示。

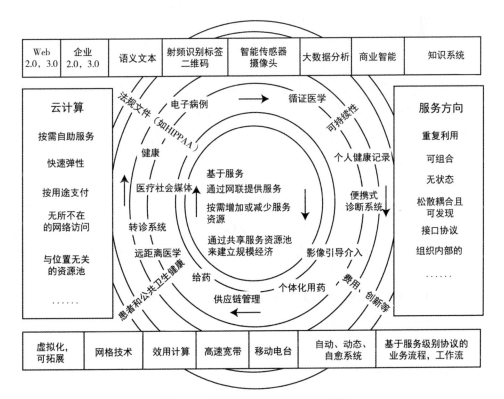

图 6-1-6　医疗系统中的智能服务集成

（四）公共安全

城市向公众提供核心安全服务是至关重要的。这些服务包括安全监测和巡逻、犯罪侦查和刑事拘留等。智慧城市可以将这些单独服务进行整合提升，最终提供给公众，在整合这些实时信息的基础上，提升安全监测和监视水平，从而提升灾害管理和城市恢复方面的能力。

智慧城市应利用多源实时信息，及时响应突发事件。这些信息来源包括第一现场救援人员网络、视频监视网络、交通管理中心、调度中心、公共服务应答点、地理信息系统数据库和其他控制及指挥中心网。

监控系统在城市地区已经变得相当普遍。交通运输机构对道路、交叉路口和中转站进行监控；执法机构通过警车摄像头和警官携带的摄像头对公共场所进行监控；私营企业监控商店和资产，居民监控家里的情况。由于监控目的不同，所获数据一般不共享。

监控是许多投资的焦点，将监控、数据分析和网络技术结合在未来很有前景。例如，综合多源的视频，可识别潜在的犯罪，提升公共安全洞察力。由于一些基础设施已经存在，合成工具也在不断进步，因此监控仍将是受到重点关注的一个领域。

智慧城市也可综合通信技术和监控技术，提升灾害管理水平。在灾难应对过程中，通信是至关重要的，尤其是对于急救人员来说。消防、警察、医疗急救服务和其他救援人员现场无法沟通，对他们来说是个挑战。此外，许多救援人员使用与公众相同的商业网络进行通信，在发生重大灾难时信号可能会变得拥挤。

监控是一种非常重要的方式，可以为响应者提供环境感知信息，允许应答者对事件做出及时的响应。例如，通过识别道路上安装的特定设备，为在途车辆分程传递最准确的路况，从而提升应急响应能力。

（五）环境影响

受交通系统影响的环境主要是道路环境。道路环境影响主要包括污染控制、智慧能源使用、废物再生和资源使用等。污染控制包括减少排放、减少径流量，同时保持可接受的径流水质和解决城市热岛效应。研究表明，在考虑排放时，有效的操作可能比有些绿色施工技术产生的影响更大。例如，塔珀（Tupper）等的研究表明，城市快速路上的交通事故管理的二氧化碳排放，是就地采购材料和使用温拌沥青而产生的。通过优化交通信号配时来改善当地街道的交通运行状况，可以有效减少各种有害气体的排放。需要强调的是，这些工程方案必须与公共管理政策保持协调，确保社会增加的车辆不会抵消效率提高所带来的好处。近些年在减少二氧化碳等温室气体排放方面所取得的效果很有限。此外，尽管优步和来福车（Lyft）等共享出行确实降低了对私家车保有量的需求，同时这些服务也在一定程度上转移了对公共交通出行的需求，但共享出行并没有实现最初设想的环境效益。总体而言，智慧城市对改善地面交通效率、减少排放和燃料消耗等方面的作用还有待进一步观察，或者智慧城市可能会带来更多的个人车辆出行。

科学家持续观察更多不可预测的天气模式、风暴强度、暴雨水量等，质量设计假设也不可避免地发生变化。与此同时，城市需要利用现有的数据进行预测，如美国中西部的密苏里州交通运输部已经从几次周期性强降雨中发现了规律。2015 年 12 月和 2017 年 5 月，降雨出现高水位时，就需要关闭州际桥梁。之后，运营工程师推出了一个实时水位监测和预测系统，以此提高运营管理水平，加强与公众交通的有效沟通。

许多城市都鼓励市民参与到改善城市环境质量的行动中来。香港和深圳的市民已经同意通过佩戴传感器来帮助报告他们所在城市周围的空气质量。类似的做法在欧洲和非洲也在进行，人们可以在手机上安装应用程序，查看空气质量报告。可以预见，诸如此类的努力可以帮助市民唤起对改善家乡环境的热情。

一些机构甚至发布了关于智慧城市环境保护的相关指南，如小岛国毛里求斯，因为环境对毛里求斯整个岛来说至关重要。从业者可以使用既定的方法来衡量环境的可持续性，如通过设想。其他指南侧重于划分智慧城市发展的阶段，让城市决策者在不同的阶段做出相应的决策，让城市变得更智能。

（六）其他智慧城市设施

虽然交通系统是智慧城市最大的智能基础设施，但作为最重要的基础设施系统，它并不是孤立的，还有供水系统、供气系统、建筑系统等。图 6-1-7 描述了不同智能基础设施系统通过不同通信技术进行交互的示例。

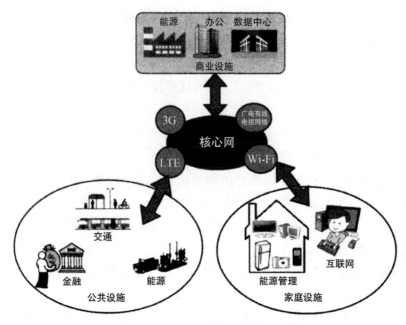

图 6-1-7　智能基础设施系统交互示例

1. 智能建筑系统

智能建筑与不同智能组件之间保持通信，能够提升人们居住的舒适性和安全性，并降低能耗。此外，智能建筑与外部环境相互作用，提供关键的智能建筑服务。例如，智能玻璃窗通过控制玻璃的透光性来调整室内的光线，这样可以在夏天减少热传递，降低室内温度。西门子洞察力设计（Design Insight）建筑管理系统是应用最广泛的技术之一。在多哈商务区的"旋风大厦"（Tornado Tower）中，传感器激活不同的建筑系统组件（如供暖、通风、空调组件）、智能传感器来控制灯光亮度，所有这些都由西门子的洞察力设计建筑管理系统进行管理。

2. 智能水网格化调度系统

智能水网格化调度系统通过智能传感器、智能电表、数字控制器和分析工具与智慧城市基础设施进行集成。该系统的优点主要包括能够实时监测资产状况（如管道状况）、压力和水质、耗水量。

许多城市已经实施了智能水网格化系统，以最大限度地提高经济效益和服务效益。例如，佛罗里达州的巴拿马已经升级了现有的近 25 000 个带有智能传感器的水表，以解决用水去向不明的问题。安装这些智能传感器有助于追踪丢失和识别系统泄漏。此外，该系统显著提高了客户服务效率。

（七）利益相关者

与早期的智能交通系统类似，人们仍然需要强有力的领导者和拥护者来推动变革，以真正改善自身所居住的城市。一些观点认为，这些变化可能是重塑城市的一大趋势，并且在中小城市也存在巨大潜力。

发展智慧城市的另一个挑战是所涉及的利益相关者太多，包括交通工程师、城市管理者、执法人员、消防和救援人员、卫生服务人员、出租车公司、货运公司等。每个利益相关者对交通运输系统都有不同的应用和需求。因为利益相关者提供的数据不同，他们从智慧城市项目中以不同的方式受益。欧盟将利益相关者分为一个集群，在这个利益相关者集群中，一些人认为公共部门利益相关者必须重新思考他们的组织管理如何变得以客户为中心，而不是以功能为中心。例如，智慧城市的交通运输机构应该专注于人，而不是道路维护，从本质上说，交通和道路部门应当有共同的认识。

在每个利益相关者集群之外，迫切需要消除壁垒以及打破不同机构与行业间的消息壁垒。历史一再表明，信息共享是一个挑战，尤其是在不同的利益相关者之间。为了应对这些挑战，有人建议需要新的方式来吸引利益相关者成为城市转型的催化剂，智慧城市有助于改善利益相关者的可获得性和包容性，并／或授权机构或公司。

第二节　智慧城市背景下的新兴交通服务

交通信息物理系统已被应用于许多新兴交通服务（如基于智能手机 App 的服务、基于智能传感器的服务），这在以前是无法想象的。本节将讨论一些主要的新兴交通服务。

一、冬季实时路况

冬季因天气原因需要对道路进行维护，以保持交通设施的正常运行。改善道路状况一直是运输机构关注的重点。各机构需要优化自身的应对措施，如什么时候在哪里投放铲雪工具；为公众出行提供准确的实时信息。

在冬季，为了维护道路安全，交通运输机构和城市管理部门可以依靠各种数据资源做出运营决策，这些数据资源可以按照现状和预测的信息类型进行分类。现状数据资源的来源包括道路天气信息系统、交通监控图像和车辆的上报。道路天气信息系统可以部署在道路网沿线，这些系统通常收集有常见的天气信息，如气温、路面温度、降水、风速等。交通运输机构负责维持这些站点，提供宝贵的信息来源，并支持业务决策，这可能对旅行者也有用。尽管美国之前尝试在州与地区之间集成整合道路天气信息系统的努力宣告失败，但在智慧城市的背景下，小城市仍然存在机会。不同的公共机构（包括美国交通部、国家气象局）和民营公司天气传感器所获取的数据应该整合起来，以发挥其最大价值，为民众提供服务。

道路设施沿线的交通摄像头也可以捕捉与天气有关的关键细节，如降水和道路的覆盖物／清洁度。但基于运营和操作目的需要查看图像时，效率不是很高，尤其是大城市的摄像头数量巨大，效率更低。如果信息获取渠道更简单一些并可在线提供，那么公众可能会发现更有价值的信息。

装有测量仪表的冬季养护车辆可以提供冬季路况等有价值的实时信息。交通运输机构研究了车辆收集、处理和冬季天气信息传递的不同方式。车辆上安装有多个传感器，将现场实时数据发送到数据中心，通过数据分析能够显著减少冬季除雪盐的使用量。其他机构已经开始研究将传感器、摄像机等设备布置在路侧，这些影像对交通运营管理人员和公众出行都有一定的参考价值。研究表明，机器学习算法在查看道路图像和识别／分类路面条件方面显示出很大的潜力，也可以让装有行车记录仪的联网车辆协助采集道路状况并进行报告。

交通运输机构也会从私人公司购买天气预报。例如，2015年伊利诺伊州交通运输部从施耐德电气公司购买了天气服务。由于这种服务通常不允许与公众共享，所以这些资源严格限定用于内部运营决策支持。

为了使当前的冬季道路运营实践与设想的智慧城市范例相吻合，需要做出一些改变。值得注意的是，应该把不同机构／公司拥有的天气传感器进行集成。这类集成整合在一些私人部门的应用程序上已经表现得很明白易懂了。智慧城市应用程序应该提升天气信息提供者和冬季交通设施维护人员的能力，以及提高所提供信息的准确度和传感器网络的丰富程度。

二、智能手机和出行者信息

个人计算机和通信设备在当今世界无处不在，且没有任何衰退的迹象。这些设备对智慧城市有两个主要用途：信息传播和数据采集。这两个领域的应用程序发展得很快，但是公共和私有参与者的角色有重叠。

最近的研究发现，智能手机变得如此普及，以至于它们正在改变公共交通乘客的需求。尽管这一转变表明智能手机用户通过移动设备更好地利用了他们的通勤时间进行工作、学习或娱乐，这些转变也增加了乘客对座位和桌子的需求。

许多智能手机用户已经可以根据他们的偏好和安装的应用程序收到提醒。很多私有和公有的应用程序可具体到旅行者信息，如谷歌地图。每一种应用程序从不同的来源采集旅行者的信息，而且可能会给出不同的推荐。

智能手机和其他个人计算机设备也在数据采集方面发挥着重要作用，常见的应用是使用手机来识别特定路段的行车时间。地图程序可以通过蜂窝网络跟踪用户的进程，并通过信息识别为上游用户更新建议。路侧设备可以探测到旅行者发出的 Wi-Fi 或蓝牙信号，识别访问控制地址（MAC）并估计旅行时间。数据通常是匿名的，旅行者并不总是知道他们在这一过程中所扮演的角色。

相反，一些旅行者报名成为这种数据采集的参与者。例如，Waze 允许用户输入和 / 或确认信息，如道路碎屑或失控车辆信息。因此，拥有智能手机的旅行者既可以扮演传感器的角色，也可以是信息消费者。许多城市已经采集和传播了大量的旅行者信息。但是，为了使这些努力真正具有影响力，利益相关者应该认识到公共部门在采集和利用实时旅行信息方面的角色与作用，这有几方面的问题。

公共部门是否应该只采集道路传感器信息（如出行时间）并简单地在网上共享？出行信息的准确性对交通网络的高效运行非常重要，公共机构需要满足信息的准确性、可用性和及时性，虽然私营公司并不要求达到这些条件，但它们必须向用户提供足够有价值的信息。

公共机构是否应该放弃高速公路传感器的安装和维护，而仅让私营部门从参与的旅行者和商用车辆那里采集这些信息？世界上有只选择其中一种方式的例子，但事实表明任何一种选择都是可行的。

在交通事故中，公共机构带头推荐替代路线很重要吗？当交通事故降低了城市道路的通行能力时，通常有许多其他路线可供选择，当公共机构建议所有车辆分流到高容量路线时，而私人应用程序可能会建议驾驶员走邻近街区的道路，这时就会出现一些差异，这些差异说明了公共机构存在的政策局限性，并说明优化交通网络并不需要所有车辆选择相同的路线。

智慧城市的交通工程师应该指导利益相关者回答上述或者其他问题。虽然一定程度的冗余是有益的，但城市公共管理部门并不是十分清楚应该关注多少或者什么类型的信息。

三、智慧路灯

智慧路灯是指通过应用先进、高效、可靠的电力线载波通信技术和无线GPRS/码分多址通信技术，实现远程集中控制与管理的路灯。智慧路灯具有根据车流量自动调节亮度、远程照明控制、故障主动报警、灯具线缆防盗、远程抄表等功能，能够大幅节省电力资源，提升公共照明管理水平，节省维护成本。

传统智慧路灯的工作原理是探测道路或停车场的行人、车辆，当行人或车辆靠近时，光线调亮，当行人或车辆离开时，光线调暗。随着技术的发展，智慧路灯的概念也在演变，如一些公司一直在试验新的路灯系统，让路灯既智能又高效，可以提供音乐、显示功能等服务。这些系统可用于发布紧急警报（如预报飓风的新闻）或显示重要信息（如通过连接的显示单元显示即将转变的信号）。通过基于需求的能源管理，智慧路灯可以显著降低能源消耗，如荷兰泰瑟尔岛（Texel）的LED路灯配备了暮光无线控制系统，此系统能够控制路灯的亮度，进而控制道路的照明水平。一个联网的LED路灯照明系统可以连接消防、急救等紧急服务，并可以通过视频监控行人的位置移动来提高高速公路的安全水平。一些国内城市正在实施功能多样的智慧路灯系统，如上海已经安装了15根灯杆，灯杆上方装有触摸屏和监控摄像头，这些灯杆能够提供免费的Wi-Fi，采集交通状况信息，充当电动汽车的充电站网，此外每个灯杆都有一个紧急按钮，可以立即接通城市系统包含警察和消防员的公共服务系统。在遇到任何危险（如飓风/气旋）时，该系统可以向行人、驾驶员和当地居民广播紧急警报。

四、智能停车

在城市商业区寻找停车位是造成交通堵塞的重要原因之一。根据舒普（Shoup）的研究，寻找车位的车辆几乎占到交通总数量的40%。这些额外的交通堵塞不仅浪费时间，而且浪费能源。例如，在加利福尼亚州的洛杉矶，寻找停车位每年会产生大约730 t的二氧化碳，产生95 000个延误小时，浪费47 000 gal的汽油。而向驾驶员提供及时可用的停车位信息可以减少车辆拥堵。世界上很多城市都在研究智能停车，以下介绍几种比较典型的智能停车方法。

（一）协同路外停车方法

该方法是利用车与车和车与基础设施通信技术，在最短的行驶时间内找到未被占用的停车位。这种去中心化的系统使用安装在车辆上的无线通信设备（如智能 Wi-Fi 传感器）来通知其他车辆无人占用的停车位信息。在这个系统中，停车场入口的路边安装了一台路侧设备，用于通知和引导接近的车辆到达最近的空停车位。图 6-2-1 所示为基于传感器的智能停车系统，该系统使用无线通信的方式来检测车辆并将信息发送到服务器。其他车辆可以与服务器通信，识别可用的或空的停车位。

图 6-2-1　基于传感器的智能停车系统

（二）智能路口停车方法

　　智能路口停车是通过在机动车辆、公共交通、交通信号、紧急车辆、自行车和行人之间的实时通信来实现的，从而在交叉路口安全有效地解决多模态冲突问题。传统的交叉路口交通控制系统需要进行升级改造，未来的网联式自动驾驶车辆之间可以通过车与车、车与基础设施技术与交通信号系统进行通信。智能路口升级应该包括交叉路口的车辆的高效运营和管理、交叉路口集成车辆控制系统的建立等。智能交叉路口的重要特征包括信号相位和智能时间优化、与邻近车辆共享安全速度、协同信号操作、交叉路口安全预警和避撞。虽然大部分智能网联式自动驾驶汽车技术还在开发中，但许多大城市已经在尝试通过智能交叉路口来提高交通通行效率。美国宾夕法尼亚州的匹兹堡是最早实施智能交叉路口的城市之一。研究发现，在实施智能交叉路口改造后，走廊旅行时间降低了 24%，车辆等待时间降低了 42%，车辆排放量降低了 21%。图 6-2-2 所示为多模式交通运输系统车与基础设施之间的通信。

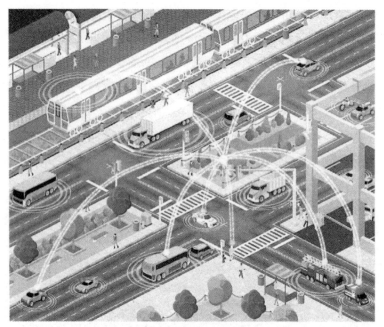

图 6-2-2　多模式交通运输系统车与基础设施之间的通信

基于车与基础设施之间的通信，交通信号系统与不同的交通模式进行通信，使智能交叉路口这一概念得以实现。

（三）停车换乘方法

加利福尼亚州旧金山郊区的高速交通系统（Rapid Transit）是美国第一个智能停车换乘系统，任何人都可以把车停在特定位置的停车设施上，然后乘坐固定路线的通勤巴士或列车到达目的地。此系统向用户提供了实时的交通信息，如每个停车场的空位情况、下一趟班车或列车的发车时间以及下游的交通状况等。根据实时的停车和交通拥堵信息，人们可以很容易地决定是否使用停车换乘或者采取自驾。

（四）基于众包的方法

Crowd Park 是一个社交应用程序，它允许个人驾驶员预订停车位并预付停车费。通过智能手机传感器可以检测驾驶员的出行模式，如在开车还是在走路。交通模式发生切换时，如开车、停车、步行，系统就会得出车辆已经停好了的结论。该程序还可以检测行人是否正离开停车场，并告知其他人可能很快就会出现一个停车位的预测。此外，驾驶员可以根据自己的意愿上传信息，让其他驾驶员知道这个停车位何时可以再次使用。

第三节　智慧城市未来研究方向

目前我国的智慧城市建设刚刚起步，由于其理念与实践的先进性，国内多个城市都在大力推广智慧城市的建设，但是，在建设过程中，仍有一些重大的问题和挑战需要通过广泛的研究来解决。

一、成熟的技术

要实现智慧城市的预期效益，必须通过不断研究和开发，使若干技术趋于成熟，如专用短程通信技术、自动驾驶车辆传感器技术等。

车辆无线通信方式有多种供车辆制造商和运输机构考虑，如专用短程通信技术、Wi-Fi、蓝牙、射频识别系统、蜂窝通信系统和全球范围的微波接入互操作等。虽然许多方式已投入商业使用，但它们可能没有足够低的延时来满足车辆自动驾驶的安全需求或网联车辆的应用需求。专用短程通信技术似乎满足了延时要求，但是也有一些限制需要进一步突破，未来应继续研究确定最佳的应用实践。

未来研究的另一个关键领域是交通信号相位和配时信息的传播。交通信号灯控制着城市中绝大部分的路口，许多人都在研究驾驶员与车辆如何获得信号相位和配时信息，以解决交通拥挤和安全问题。例如，许多交通运输机构用于维护现有信号设备的资金有限，导致安装的信号相位和配时通信设备没有那么高的优先级。未来的研究可以针对信号相位和配时通信设备，在资金、设计、安装和维护方面寻找最佳实践。

未来的研究应该继续关注如何提高自动驾驶汽车安全性。值得注意的是，一些自动车辆公司已经在不同条件下的各种道路上展示了自己的车辆原型，然而，2016 年美国特斯拉事故也表明了进一步努力的必要性。尤其重要的是，驾驶员需要更清楚地了解他们在驾驶自动驾驶汽车时的责任。

二、相关性

智慧城市环境中的不同系统需要依赖现代技术进行集成，进而提供高效的服务，从而提高市民的生活质量。智慧城市生态系统应用的核心是交通系统结构的变化，包括网联式自动驾驶车辆、智能停车系统、智慧路灯以及智慧城市服务等，这些系统结构在很大程度上依赖于与通信和数据分析基础设施的集成，也依赖于各独立系统和组件之间的相互协作。随着依赖关系的增加，旧的基础设施无法与新的技术和设备互联互通，互操作性问题也变得很突出。智慧城市的设计和部署必须解决这些问题，减少由于复杂系统相互依赖而导致的故障风险。网络钓鱼、数据伪造和欺骗等安全风险可能会危及智慧城市服务的质量和用户的隐私。这样的事件甚至可能导致整个系统关闭，如美国三大消费者信贷报告机构之一的艾可飞（Equifax），就成为一场网络攻击的受害者，这场攻击可能泄露了 1.43 亿美国公民的敏感信息。因此，确保云数据库的安全将是未来的主要挑战。在许多情况下，智慧城市基础设施（如汽车设备、医疗设备、交通控制设备）中的嵌入式软件可能是容易受到黑客攻击的对象。所以，考虑到相互依赖性，开发一个综合的智慧城市架构是一个重大的挑战。

三、互联系统的弹性

自然灾害和人为灾害一直在考验着现代交通系统和其他智慧城市系统的弹性。随着现代技术的应用及其在极端天气事件中的表现，建模研究智能系统的弹性特征变得越来越重要。根据布鲁诺（Bruneau）等的定义，系统的弹性具有以下三个特征：故障概率、故障后果、恢复时间。

随着智慧城市组件之间的相互依赖关系变得越来越复杂，这些弹性特性也变得越来越重要。《修复美国地面交通法案》要求交通规划组织在规划过程中要考虑弹性。世界上许多其他国家的政府也在采取类似的行动，以解决关键基础设施系统的弹性问题，如美国、加拿大联合实施的《电网安全与弹性策略》。然而，智能基础设施系统中复杂耦合信息物理系统弹性建模面临着一些主要挑战。大多数情况下，自然、人为的灾难会造成直接的影响（如死亡、财产损失），较少的情况下会导致长期的系统故障（如断电、缺水、医疗退化）。例如，2012 年飓风"桑迪"导致美国 21 个州超过 850 万人遭断电，空气和水质恶化，出现公共卫生风险。在未来的智慧城市部署中，每个系统（如运输系统）将通过核心通信基础设施和信息物理系统技术连接到一个或多个其他系统（如能源、基础设施系统）。可以说，若一个系统失败则会导致其他系统存在压力甚至失败。因此，研究智慧城市背景下的弹性，对研究者来说是一个巨大的挑战。

四、劳动力的发展

也许今天的大学生正在为那些还不存在的职业而接受培训，这或许适用于支持未来智慧城市的职业。根据目前的智慧城市案例，未来的劳动力需要具备硬技能和软技能相结合。例如,硬技能可能包括使用地理信息系统数据、应用定量分析方法、使用仿真软件或通信系统开展分析。软技能可能包括使用不同的面对面和数字化方法、与各种利益相关者沟通以及应用城市规划理论考虑智慧城市政策选择的影响等。为了满足这些需求,一些高校开始在这一领域提供研究生学位,其中伦敦大学学院是最早实施的。

未来实施智慧城市的一个关键挑战是开发可靠的通信技术和数据分析平台,实时处理大量的异构传感器数据,为不同的利益相关者提供智能服务,从而在有限的资源中实现更高的效率。网络安全在智慧城市中成为一个突出问题,制订可靠的安全解决方案至关重要。另一个重大挑战是应对自然灾害等破坏性事件的弹性。通过制定管理战略,聚焦于应对气候变化的弹性、交通系统的弹性、能源系统的弹性以及通信和分析系统的弹性,从而实现弹性智慧城市的愿景。

参考文献

[1] 张英姿，刘峰.轨道交通车辆空调系统智能控制技术研究 [J].计算机测量与控制，2021，29（10）：123-127.

[2] 陈深进.智能交通公交线网优化策略与评价方法 [J].计算机与数字工程，2021，49（10）：2023-2027.

[3] 赵琳娜.我国道路交通流信息采集现状及措施建议 [J].道路交通管理，2021（10）：36-37.

[4] 谷江河，徐瑞华.城市轨道交通应急处置预案管理信息系统设计 [J].城市轨道交通研究，2006（2）：57-59.

[5] 卢涛，万凌峰，李妍，等.基于 V2X 的智能网联交叉路口信号控制系统设计 [J].计算机技术与发展，2021，31（10）：161-167.

[6] 胡彦，周礼愿.轨道交通车站大客流智能管控场景设计和应用 [J].信息技术与标准化，2021（10）：44-47.

[7] 赵亮，胡丰宾.依据智能交通的 PHEV 自适应指数模型预测控制 [J].机械设计与制造，2021（10）：145-149.

[8] 陆金.自动驾驶背景下的智能交通场景系统未来设计 [J].时代汽车,2021（20）：190-191.

[9] 潘黎琼，刘翔.人工智能技术在城市智能交通系统中的应用 [J].信息记录材料，2021，22（10）：136-137.

[10] 么新鹏，张奇，胡伟超，等.动态交通信息融合服务现状与发展对策 [J].道路交通管理，2021（8）：34-35.

[11] 林丽.论传感器在交通信息采集中的应用现状 [J].电子元器件与信息技术，2021，5（4）：29-30.

[12] 孙婷，张昌利，孟颖，等.面向公路主动式防冰处置的行业信息物理系统 [J].交通运输研究，2017，3（3）：49-54.

[13] 邹涛，梁彪.城市交通信息化系统设计 [J].公路交通科技（应用技术版），

2020，16（10）：384-387.

[14] 田园.新时期背景下城市轨道交通运营管理模式的分析 [J].运输经理世界，2020（9）：71-72.

[15] 汪鸣，程世东.城市轨道交通智慧化发展方向及实现途径 [J].现代城市轨道交通，2020（8）：8-11.

[16] 焦浩，李珂，宋健强.交通信息采集雷达中目标跟踪算法的研究 [J].空间电子技术，2020，17（3）：51-57.

[17] 龚冀，鲁啸.基于信息物理系统的自动驾驶车辆安全调速方法 [J].城市交通，2020，18（2）：118-126.

[18] 管晓宏.智能时代的信息物理融合系统 [J].网信军民融合，2020（1）：14-17.

[19] 李克强.智能网联汽车信息物理系统参考架构1.0发布 [J].智能网联汽车，2019（6）：66-69.

[20] 赵彬.信息技术应用在交通运输工程中的研究 [J].南方农机，2019，50（17）：218.

[21] 白冰.现代信息技术环境下高职立体化教材建设研究与实践：以《城市轨道交通信号基础》课程为例 [J].产业与科技论坛，2019，18（4）：141-142.

[22] 王兴隆，刘明学，潘维煌.空中交通信息物理系统的脆性分析 [J].中国科技论文，2019，14（2）：164-168.

[23] 谭丽娜.现代信息技术环境下高职课程教学改革研究：以《城市轨道交通供电技术》课程为例 [J].产业与科技论坛，2019，18（3）：157-158.

[24] 张振海，翁勇南，蒋建炜，等.现代信息技术引导下的智慧交通科技在北京地铁上的应用 [J].中国基础科学，2018，20（6）：6-10.

[25] 王磊.云计算技术在现代交通管理中的应用分析 [J].科学技术创新，2018（21）：85-86.

[26] 李瑜玫.信息技术在交通运输管理中的应用 [J].民营科技，2018（5）：145.

[27] 董慧宇.基于复杂网络的城市轨道交通列控系统信息安全评估方法研究 [D].北京：北京交通大学，2019.

[28] 李彦宏.交通智能化是保持城市竞争力的必由之路 [N].人民政协报，2021-10-19（5）.

[29] 刘志强.推动交通基础设施智能升级 [N].人民日报，2021-09-27（3）.